Karl Gustav Blumstengel

Leibnizs ägyptischer Plan

Eine historisch-kritische Monographie

Karl Gustav Blumstengel

Leibnizs ägyptischer Plan
Eine historisch-kritische Monographie

ISBN/EAN: 9783743485136

Hergestellt in Europa, USA, Kanada, Australien, Japan

Cover: Foto ©ninafisch / pixelio.de

Manufactured and distributed by brebook publishing software (www.brebook.com)

Karl Gustav Blumstengel

Leibnizs ägyptischer Plan

LEIBNIZ'S AEGYPTISCHER PLAN.

EINE

HISTORISCH-KRITISCHE MONOGRAPHIE

BEHUFS

ERLANGUNG DER DOCTORWÜRDE
IN DER PHILOSOPHISCHEN FACULTÄT
DER UNIVERSITÄT LEIPZIG

VERFASST

VON

K. G. BLUMSTENGEL
CAND. THEOL.

LEIPZIG.
COMMISSIONSVERLAG VON A. LORENTZ.
1869.

I. Theil.

Einleitung.

Am Anfange des 16. Jahrhunderts gewann das osmanische Reich nach aussen und innen einen gewissen Abschluss für seine Machtbildung.

Um diese Zeit setzten sich die Osmanen in Africa fest: mit der Eroberung Aegyptens durch Selim I. gerieth das werthvollste Gebiet des dritten Erdtheils in ihre Gewalt.

Welch' eine Ausdehnung erlangte doch dieses Reich! Von den Indier-Grenzen bis zu den Marken Friauls, von den Gestaden des kaspischen Meeres bis zur Strasse von Gibraltar. In Asien besass der Sultan nach Süden hin ganz Arabien von Suez bis zum glücklichen Jemen (s. 1571) die Gebiete am persischen Meerbusen entlang mit den Emporten des indischen und persischen Handels; im Norden die Pontusländer, sodann weiter herab Anadoli, Armenien, Kurdistan, Mesopotamien, Syrien, Palästina; daran schlossen sich die africanischen Gebietstheile, die mit der Zeit von dem Saume der Wüste bis zu den Säulen des Hercules sich erstreckten; die europäischen von der Strasse der Dardanellen bis zu den südlichen Hochwachten des venetianischen Festlandes sammt Griechenland und der reichen Inselwelt des Archipel.

Irrthum würde es sein, wollte man glauben, dass dieses Reich durch die brutale Gewalt zusammengehalten wurde.

Wie die kriegerischen Unternehmungen der osmanischen
Regierung von einer feinen Politik begleitet waren, welche
vor allem an die Interessen der Schwächeren anknüpfte, um
sie an sich zu fesseln und zugleich mächtige Gegner zu bezwingen, so suchte dieselbe mit staatsmännischer Einsicht die
verschiedenen Provinzen zu verschmelzen, das Reich zu or-
ganisiren.

Das Wesen der Staatsverfassung war der Lehnsverband.
Es war aus der uralten Sitte und dem politischen Triebe des
Orientes geboren. Mit Umsicht wurde er ausgebildet und auf
alle neuerworbenen Gebiete übertragen. Ihm entsprach die
Ordnung des Heerwesens, die zweite Säule des Staatsgebäudes.
Die tiefste Kraft und Einheit aber lag in dem religiösen
Princip. Das ganze Staatswesen war von demselben getragen,
von ihm waren die Völkerschaften gleichermassen durchdrungen. Indem die Religion des Islam, unverletzt vom Zweifel,
die Gemüther beherrschte und der Moslimen Kräfte und Lei-
denschaften zu dem höchsten Ziele, ihr die Weltherrschaft zu
gewinnen, anfeuerte, entsprach sie den Interessen und Tendenzen des osmanischen Staates. Beide Lebens-Gebiete waren
eins in ihrem Wesen. War es da nicht von grosser Bedeutung,
dass auch die Herrschaft in beiden sich vereinigte und äusser-
lich ein Mittelpunkt hergestellt wurde, der in der Tiefe sich
begründete?

In Aegypten war mit der Macht auch das Ansehen des
Chalifats der Abbassiden erworben worden. Zu der Erhöhung
der Würde, welche hierin für den osmanischen Sultan sich
vollzog, kam noch die, welche in der Erlangung des Schlüssels
zur Kaabe lag: in dem Jahre 1517 ging derselbe aus den
Händen des Scheikh von Mekka in die Hände des Grossherrn
über. Derselbe, zum Schutzherrn der heiligen Städte erhoben,
empfing einen religiösen Charakter. Er wurde Stellvertreter
des Propheten, Oberpriester aller Moslimen. Seine Handlungen
erschienen als Folgen göttlicher Eingebung, sein Wille for-

derte den unbedingtesten Gehorsam.¹) Der Sultan war der
unumschränkteste Herrscher, der Schatten, das Ebenbild Gottes
auf Erden. —
Wie ungleich stand doch dem religiös und politisch geeinten Oriente der Occident gegenüber!
Das waren längst vergangene Zeiten, da das Papstthum die christlichen Fürsten und Völker zu gemeinschaftlichen Unternehmungen vereinigte. —
Als die Kunde von dem Falle der oströmischen Hauptstadt im Abendlande sich verbreitete, gab es der drohenden Gefahr gegenüber nicht viel mehr als Worte, Klagen über die Gläubigen, Verwünschungen der Ungläubigen. So gänzlich war die religiöse Begeisterung und das Gemeingefühl den beiden Häuptern der Christenheit abhanden gekommen, dass sie die Geldbeiträge, welche zur Heeresausrüstung für einen Türkenkrieg eingingen, und zu denen die Christen bei ihrer Seelen Seligkeit eifrig vermahnt wurden, theilten und für sich behielten.²)

Die Einheit des Abendlandes war dahin. Indem die Päpste den allgemeinen Einfluss des Kaisers zu brechen suchten, wurden sie auf dem politischen Kampfplatze festgehalten. Der ökumenische Vater verfolgte von nun an in der christlichen Völkerfamilie auch selbstsüchtige weltliche Tendenzen.

---

1) Lor. Bernardo, Relaz. 1592 bei Alberi, Relazioni degli ambasciati Veneti al Senato. Ser. III. Vol. II. 369: Onde la grande obbedienza che dai Turchi era prestata al loro signori é stata detta con molta ragione il fondamento della sicurtà e grandezza di quell'imperio. cfr. Slouradjea d.Ohsson Tableau général de l'Empire Othoman I. 290; zum Ganzen noch von Hammer, Des osmanischen Reiches Staatsverfassung und Staatsverwaltung 2 Bde. L. Ranke, Fürsten und Völker von Süd-Europa Bd. I.

2) Vrgl. Georg Voigt, Enea Silvio' de Piccolomini als Papst Pius II. und sein Zeitalter. Buch III. 2. S. 89 ff. Aehnlich später; z. B. Ant. v. Gévay Urkunden etc. vom Jahre 1532, hier wird berichtet, dass „Imberj wascha" gefragt habe, „wie es der papst gegen got veranthorten kunt, das er das arm Christenfolkh also um gelt betrug mit dem anzeigen, das ers wider dy turkhn prauchen wol".

Freilich erhob er den Anspruch, immerdar die politische und geistige Entwicklung der Nationen zu leiten. Aber diese allmählig zum Bewusstsein ihrer selbst gelangt, machten sich von der äussern Bevormundung los.

Es gab noch eine Gemeinsamkeit: sie lag in dem religiösen Geiste, der allen gleicherweise eingepflanzt war, in ihrer Geschichte und ihren Institutionen sich ausprägte.

Allein hatte es nicht das Ansehen, als ob auch dieses letzte Band zerrissen werden sollte? Im selben Jahre, als das osmanische Reich zur Verknüpfung der weltlichen und religiösen Herrschaft gelangte, erhob sich in dem Herzen des christlichen Europa der gewaltige Gegensatz gegen das überlieferte Religionswesen.

Wie war die Möglichkeit gegeben, dass die Völker des Abendlandes die Schranken, welche von Asien und Africa sie trennten, immer mehr sie zurückzudrängen drohten, gewaltsam durchbrachen?

Werfen wir einen Blick auf ihre Lage. Die Herrschaft über das mittelländische Meer, das drei Erdtheile verbindet, an dem einst das reiche Leben der alten Culturstaaten erblühte, war verloren. Jetzt nahte den Völkern die Gefahr eingeengt zu werden zwischen die unübersteigliche Mauer der Osmanen-Herrschaft und den unendlichen Ocean.

Aber in der Einschränkung verkommen die Nationen, sie bedürfen der Ferne. Nur durch sie wird die Thatkraft entfaltet, der Geist entwickelt. In der Weite, in der Universalität des Blickes und des Strebens erhalten sie die Tiefe der Bildung, die Erhabenheit des geistigen Schwunges.

Da war es nun eine wunderbare Fügung der Weltgeschichte, dass zu jenen Zeiten ein unermessliches Gebiet für die Freiheit der Bethätigung sich eröffnete. Der Seeweg nach Ostindien war gefunden, im Westen ein neuer Erdtheil.

Das Genie rettete Europa; in der Geisteskraft lag sein Uebergewicht.

Inmitten des osmanischen Reiches selber offenbarte es sich, wie der christlich-europäische Geist sogar in den halbbarbarischen, slavisch-griechischen Stämmen, welche unterworfen worden, unbesiegbar sei: denn so viel gelang doch nicht, denselben ihren Glauben zu entreissen. Sie aber durchbrachen das Grundgesetz des Reiches, die Uniformität; sie wurden ein zersetzendes Ferment.

Bei der letzten Hauptentscheidung vor Wien aber, wo Deutschland, welches eben die Freiheit des Gewissens festzustellen sich anschickte, waffengerüstet auch die politische Freiheit des Abendlandes zu retten hatte, ging die christliche Macht siegreich aus dem Kampfe hervor.

Das jedoch blieb unabänderliche Thatsache: die Osmanen waren dauernd in den Kreis der europäischen Nationen eingetreten. Irgend welche Beziehungen zu ihnen mussten hergestellt werden.

Frühe setzten sich die italienischen Staaten, vorzüglich die Republik Venedig in Einvernehmen mit der Pforte. Der Vortheil der commerziellen Verbindung kam beiden zu Gute und sicherte lange Zeiten den freundschaftlichen Verkehr oder stellte ihn wieder her. Dazu kam, dass die Republik durch die Ueberlegenheit zur See Achtung forderte, ihre klugen und entschlossenen Vertreter die ansehnliche Stellung Venedig's zu wahren verstanden. Gegenüber den rücksichtslosen Osmanen, welche nur die Macht ehrten, wurde der feste Grundsatz des bewaffneten Friedens befolgt. — Jeder Papst suchte eine Liga zu Stande zu bringen, aber die Regierungen liessen sich fast zu nichts als zu unbestimmten Versprechungen herbei. Die Pforte legte diesen päpstlichen Bestrebungen nicht den geringsten Werth bei.[1]

---

[1] Soranzo, Relatione di 1576 bei Alberi II. 202: Il signor Turco non teme punto sua santità. conoscendolo principe debole per far una lega e sapendo in pari tempo benissimo que le leghe si fanno per interessi di stato e non per paroli d'altri. —

Frankreich zog zuerst die europäische Stellung des Sultans für seine politischen Zielpunkte in Betracht. Franz I. durchbrach das bisher geltende christliche System: über die hergebrachte Politik setzte er die der Interessen. Zur Schwächung der habsburgischen Macht war ihm die Hülfe der Pforte genehm. Mit Staunen und mit Schrecken sah man im Hafen von Marseille neben den Lilien die Flaggen des Halbmonds flattern.

Durch die Interessen auf einander gewiesen, schlossen sie bald einen Vertrag, der von bleibender Bedeutung wurde. Im Jahre 1536 erlangte der französische Gesandte ungehinderten Verkehr der beiderseitigen Unterthanen in Handel und Wandel, Anerkennung der französischen Flagge, eigne Gerichtsbarkeit der Franzosen. Später wurde durch einen Ferman auch die Schutzherrschaft Frankreichs über die Christen im Oriente gesichert.

Den characteristischen Ausdruck für das Verhalten Frankreichs bilden die Erörterungen, welche der Gesandte bei der Pforte, der Bischof von Ascq in einer Denkschrift Karl IX. (1571) vortrug.[1]) Er führt folgende Gründe an, welche die Freundschaft mit der Pforte nothwendig machen.

Frankreich sei die Macht, welche zuerst und von den ältesten Zeiten an nicht nur das heilige Grab und die christliche Kirche zu Jerusalem geschützt, sondern auch den dahin wandernden Pilgern Sicherheit gewährt habe.

Wichtig seien auch die commerciellen Interessen. Dazu komme, dass Frankreich schon seit den Zeiten des heiligen Ludwig in Syrien und Aegypten seine Consuln gehabt habe, unter deren Schirm und Obhut die übrigen christlichen Nationen Handel nach der Levante getrieben.

Zuletzt aber sei die Freundschaft nöthig, um der ungemessenen Grösse Oesterreichs das Gegengewicht zu halten.

---
1) Charrière, Négotiations de la France dans le Levant cet. III. 253 ff.

In keinem Falle dürfe sich der König durch die eitlen Vorspiegelungen, welche ihm der Papst und Venedig machten, zum Eintritte in die heilige Liga bewegen lassen. Wer anders werde davon den Nutzen ziehen als der König von Spanien. Spanien genoss damals bei der Pforte den höchsten Respect. Schon im Zeitalter Karls V. liess sich bei der Pforte die Meinung vernehmen, dass kein Feind mehr zu fürchten, nachdem man Spanien niedergeworfen habe. Die Schlacht von Lepento (1571) machte dasselbe nur furchtbarer: ja die Hilfsquellen dieses Staates erschienen nach seiner Vereinigung mit Portugal (1590) unerschöpflich. Mit einer Art Idiosynkrasie glaubte Murad III., dass König Philipp II. mit den Reichthümern, welche derselbe aus den portugiesischen Colonieen Indiens beziehe, die Vesire zu bestechen und Unruhen im Innern des Osmanenreiches anzustiften suche. Die Politik der Pforte ging dahin, Spanien durch Frankreich im Schach zu halten. Der Einfluss Heinrichs IV. stieg und sank bei ihr, je nachdem der König gegen Spanien nützlich befunden wurde.

Im Ausgang des 16. Jahrhunderts trat auch England in ein näheres Verhältniss zur Pforte. Elisabeth bekannte offen, dass die Türken ihr gegen ihre Feinde, die katholischen Staaten, zumal Spanien, behülflich sein sollten. In ihrem Schreiben an den Sultan führte sie sich ein als Elisabeth, Königin von England, Frankreich und Hibernien, die grossmüthige und unüberwindliche Vorkämpferin des wahren Glaubens wider die Götzendiener, die fälschlich Christi Namen bekennen. Durch einen Vertrag (1580 resp. 1593) wurde der Handel, welcher durch die englische Ausdauer bald einen mächtigen Aufschwung nahm, gesichert, die Flagge Englands anerkannt zum Verdrusse Frankreichs.

Bald darauf (1620) erschien beim Divan auch ein holländischer Gesandter. Die Capitulation vom selben Jahre gewährte den Generalstaaten die gleichen Rechte und Freiheiten, deren Frankreich und England sich erfreuten. Das kluge Verhalten derselben, welche zumeist mit England gingen, ihre wachsende Handelsmacht verschafften ihnen bedeutenden Einfluss in den orientalischen Angelegenheiten.

Der Kaiser hatte in jenen Zeiten noch zu viel mit seinen eigenen Landen und dem Reiche zu thun. Es gelang dem Hause Habsburg Ungarn zu erwerben: aber erst gegen das Ende des 17. Jahrhunderts erschütterte die Gewalt der österreichischen Waffen die Grundfesten der Türkenschaft. Polen war stark und gefürchtet, wenn es mit sich selbst einig war. Die dynastischen Störungen hielten es fast unaufhörlich in Athem. Aber kam die Gelegenheit, so bewährte sich die polnische Ritterlichkeit im Kampfe gegen die Ungläubigen. Russland flösste schon damals der Pforte Furcht ein. So gross seine materielle Macht war: gefährlicher noch erschien es wegen des moralischen Einflusses, welchen es auf die der Pforte untergebenen christlichen Völkerschaften übte. Dieselbe glaubte, dass die griechisch-katholischen Bewohner von Bulgarien, Serbien, Bosnien, Morea und Griechenland dem russischen Grossfürsten sehr ergeben und bereit seien, mit den Waffen in der Hand das türkische Joch abzuwerfen, um Unterthanen des Grossfürsten zu werden.[1]) Ein Haupthinderniss der russischen Machtentwickelung bildete noch Polen: dieses zu schwächen, darauf ging das Verhalten Russlands beim Divan.

Darf man aber annehmen, dass die Wege, welche die christlichen Regierungen einschlugen, durchaus im Sinne der Völker waren? Und bei so grossen und bleibenden Verhältnissen ist es wohl geboten, auch nach der öffentlichen Meinung zu fragen, sofern sie aus dem inneren Triebe der Nationen entspringt.

Die Cabinete mussten ihre Politik ändern, nach den

---

1) Soranzo 206.

Wandlungen die in den Machtverhältnissen der Staaten, in den Neigungen der Regierungen, in ihren eigenen Interessen sich vollzogen. Der Volksgeist bleibt sich gleich: mit einem instinctiven Gefühl kehrt er sich gegen die, welche an Charakter und Gesittung, Geschichte und Institutionen ihm fremd sind, vor allem in der Religion; denn in der Verschiedenheit der Religion begründet sich der tiefste nationale Gegensatz.

Und wollte man zweifeln, dass gegenüber den Türken die confessionellen Besonderheiten des Abendlandes dem Auge entschwanden, die Einheit des Geistes und Glaubens sich fühlbar machte?

Vernehmen wir den Vertreter des deutschen Volkes und der evangelischen Christenheit, Luther.

Er hatte einst sich dahin ausgesprochen, dass wider den Türken streiten soviel sei als Gott widerstreben, der mit solcher Ruthen die Christen heimsuche. Das war eine teleologische Geschichtsbetrachtung, deren Sinn Missverstand oder Bosheit verdrehte.

Als die Osmanen gen Wien vorrückten, nahm Luther das Wort[1]) um Etliche, welche unzufrieden mit der Ordnung der Dinge der Türken Zukunft und Regiment ersehnten oder Andere, welche predigten, dass man jetzt den Türken nicht widerstehen dürfe, zu widerlegen, den speyerer Reichstag, der um Fleisch- und Fischessen und ander Narrenwerk sich streite, zu Thaten zu ermuntern. Freilich verabscheut er das frommthuende Geschrei, dass man zur Ausbreitung der christlichen Religion das Schwert gegen den Türken ergreifen solle; er meint, dass es bisher im Kampfe immer schlecht gegangen sei, „weil die Bischöffe und Geistlichen dabey gewest". Aber da die Staaten in Gefahr, erklärt er um so entschiedener, dass man mit aller Kraft den Türken bekämpfen müsse. Einmüthigkeit der Fürsten thue Noth. Man dürfe nicht wie

---

1) Vom Krieg wider den Türken. Ostern 1529. Altenb. IV. 533. Heerpredigt wider die Türken. 1530.

bisher geschehen, einzelne Könige und Fürsten hinanziehen lassen, gestern den König zu Hungarn, heute den König zu Polen, morgen den König zu Böheim, bis sie der Türke einen nach dem andern auffresse und nichts damit ausgerichtet würde, denn dass man unser Volk verräth und auf die Schlachtbank opfert und unnütz Blut vergeusst. Er ermahnt die Reichsfürsten, das Panier des Kaisers nicht mehr für ein blosses seidenes Tuch anzusehen, sondern demselben pflichtschuldig in das Feld zu folgen. Zur Bekehrung derjenigen, welche die Regierung der Türken etwa wünschten, lässt er sich angelegen sein, die Gräuel aufzuzählen, die in dem Koran enthalten. Alle sollen in des Kaisers Namen getrost ausziehen, wer in diesem Gehorsam sterbe, dessen Tod werde Gott wohlgefällig sein.

Türkenpredigten und Türkenschriften, welche an das Volk sich wandten, tauchten unaufhörlich auf, diese Seite der populären Literatur blieb fortwährend angebaut.

Gegen den Schluss des Jahrhunderts malte Tasso das dichterische Bild des ersten Kreuzzuges, um das er den Heiligenschein wob; zu neuen Thaten sollte es die Christenheit anspornen.

Baco von Verulam, nachdem er bislang mit den weltlichen Dingen sich beschäftigt, hielt dafür, jetzt einen Gegenstand zu behandeln, welcher den Staat und die Kirche in gleichem Maasse angehe. Er schrieb über den heiligen Krieg.[1]) Seine Darstellung lässt vermuthen, wie kräftig dieser Gedanke noch im Herzen des christlichen Volkes lebte.

Wäre es anders denkbar, als dass die Regierungen an der Ueberzeugung der Völker fort und fort sich orientirten, mit ihr in Contakt zu bleiben suchten? So viel wenigstens

---

1) Dialogus de bello sacro. Fragmentum per Franciscum Baronem. Opera omnia, quae exstant. Francof. ad A. MDCLXV. pg. 1293 ff. Die Vorrede ad rev. in Christo Patrem, Lancelotum Andrewes, Episcopum Wintoniensem. Die Anlage bedeutend.

kann man sagen, dass die Hervorhebung des religiösen Gesichtspunktes der diplomatischen Feder und Zunge immer geläufig blieb. So oft es darauf ankam, liess sich die Rede von den christlichen Interessen vernehmen.

In Wirklichkeit schien am Anfange des 17. Jahrhunderts die Zeit gekommen, wo dem türkischen Reiche ein Ende gemacht werden könnte.

Seine Spannkraft war erschlafft, es war, als ob es sich wieder in seine Elemente auflösen wollte. Die innere Kraft der christlichen Staaten zeigte Wachsthum und Dauer.

Kein anderer Staat Europa's erfuhr so schnelle Uebergänge von der höchsten Macht zur tiefsten Ohnmacht.

Allein, während dort die Lebenskräfte des Staates in einem ausgebildeten Organismus eingefasst sind und der Staat erst verfällt, wenn der Quell der Macht, die Volkskraft versiegt ist, so ist hier der Organismus im Verhältniss wenig, das Oberhaupt fast Alles. Dort war in den festeren Formen des Staatssystems eine gewisse Stetigkeit des geschichtlichen Ganges verbürgt; in dem kunstvoll gearbeiteten Netze, in welches das byzantinische Reich gefasst worden, war die Zähigkeit gegeben, welche dasselbe gegenüber den kraftvollen Naturvölkern, die von allen Seiten heranstürmten, in seinen alten Tagen bewährte. Das osmanische Reich, das über seinen Trümmern sich erhob, wechselte so oft seine Lage, so oft seine Herrscher wechselten, so jäh waren die Uebergänge, so weit die Herrscher von einander abstanden. Sass ein Schwächling auf dem Throne, sogleich drohte das Reich zu zerfallen. Die Menge der ouzeränen Fürsten trachtete sich loszureissen, Willkürherrschaft der Paschas, Erpressungen und Aufstände waren an der Tagesordnung.

- Nur der Wille des Grossherrn war die wahre Einheit und Ordnung des Reiches.

Darauf waren die Grundlagen des Staates angelegt: sie hatten sich im Laufe der Zeiten gelockert.

Durch mannigfache Missbräuche war das Lehnswesen seiner eigentlichen Natur und Kraft entäussert worden. In das Heer war ein schlechter Geist eingezogen, mit der Masslosigkeit der Ansprüche von Seiten der Janitscharen trat die Kriegsuntüchtigkeit in Verhältniss. Unter den Moslimen selber verschärfte sich der religiöse Gegensatz; hasserfüllt bedrängte die schiitische Partei in der anschwellenden Macht des Perserreiches die sunnitischen Osmanen. Wurde aber nicht der tiefgehenste Angriff auf die Grundlage des Staates gemacht, als im Jahre 1621 der Sultan, Osman II. durch die aufständischen Janitscharen seines Thrones und Lebens beraubt wurde.

Die erfahrensten christlichen Staatsmänner hielten den Augenblick für gekommen, wo man gegen dieses Reich etwas unternehmen müsse.

Herr des Hayes[1], welcher 1621 vom König Ludwig XIII. wegen den heiligen Stätten mit einer Mission nach Constantinopel und Jerusalem betraut worden war, hält freilich die osmanischen Truppen für zahlreich, aber sie seien zuchtlos und schwer zu vereinigen. Habe doch im letzten polnischen Kriege Osman über ein Jahr gebraucht, um eine Armee zusammenzuziehen; dabei sei das ganze Land, selbst die Hauptstadt von Truppen entblösst worden, ja so weit sei es gekommen, dass das Erscheinen weniger, von Kosaken besetzter Boote, welche an dem Ufer des schwarzen Meeres einige Dörfer zerstörten, die Hauptstadt in Bestürzung brachten, dass die vornehmen Türken den französichen Gesandten um seinen Schutz anflehten, im Falle die Stadt in die Hände jener verwegenen Freibeuter fiele. Er behauptet, dass eine christliche Armee, nachdem sie die schwachen Grenzbesatzungen überwunden habe, ohne viel Widerstand zu finden, bis zur Haupt-

---

1) Voyage de Levant fait par le commandement du Roy en l'année 1621. par le S. D. C. (de Courmenin Beiname von des Hayes) Paris 1624.

stadt vordringen werde; die christliche Bevölkerung, durch deren Länder der Weg gehe, warte darauf, sich von der tyrannischen Herrschaft des Sultans loszureissen.

Desselben Sinnes ist der englische Gesandte Thomas Roe, ein Mann von hoher Einsicht und gründlicher Vertrautheit mit den osmanischen Verhältnissen.[1]) Er meint, dass ein Heer von 30000 Mann ohne Schwertstreich bis vor die Thore Constantinopels rücken könne. Dass man aber nicht einmal eine solche Macht aufbringe, dass die Fürsten der Christenheit mit Blindheit geschlagen, in der sie mit einander haderten, sei die Strafe des Himmels, wodurch allein das osmanische Reich zu seiner Macht und Grösse gelangt sei. Jetzt, ruft er aus, fehlt nichts als eine starke Hand, um diese wankende Mauer vollends zu Boden zu werfen. Möchte doch Gott zu seinem Ruhme die Augen der Ehrgeizigen der Christenheit, welche sich im Vergleiche zu dieser grossen Monarchie um einen Acker Landes streiten, hierher lenken, wo Stoff genug offen zu Tage liegt, dessen man sich mit leichter Mühe bemeistern kann.

Der französische Gesandte bei der Pforte, François Savary, Seigneur de Brèves führt in einem Memorandum an Ludwig XIII. aus, dass ein Sieg der wider die Pforte vereinigten Seemächte ganz unzweifelhaft sei. Anstatt des zwar mit einem guten Hafen versehenen, aber unfruchtbaren Malta empfiehlt er als Sammelplatz Messina. Mit der Operation zur See müsse eine energische Führung des Krieges zu Lande verbunden sein, eine starke Armee des Kaisers und der Reichs-

---

1) Negociations of Sir Thomas Roe in his Embassy to the Ottoman Porte from the year 1621 to 1628 inclusive. London 1740. Daselbst pg. 33: Both the force and discipline of this fearfull empire is to farr decayed, that if the princes of Christendome would either knowe or beleeve, it would invite them to that accord and unity, the contrary where of has bene the only greatness and cause of encrease of his monarchy.

2) Discours abregés des asseurez moyens d'anéantir et ruiner la Monarchie des Princes Ottomans. Faict par le Sieur de Brèves.

fürsten durch Bulgarien gerade auf Adrianopel losgehen, dann werde sich der König von Polen, die Fürsten Siebenbürgens, der Moldau, Walachei, auf Seite der christlichen Mächte schlagen, zumal wenn man gewissenhaft darauf achte, sie in ihren religiösen Interessen zu schonen.[1])

Und rechne man dazu die Leichtigkeit, den Perserschah wider den Sultan aufzureizen und alle christlichen Secten in Asien und Africa, welche zur Zeit noch unter dem osmanischen Joche schmachteten, die Griechen in Kleinasien, die Armenier, die Maroniten des Libanon, die Georgier am Kaukasus, die Kopten, ja selbst die muhamedanischen Drusen gegen den gemeinsamen Feind zu den Waffen zu rufen: wer wolle zweifeln, dass das gewaltige Reich sogleich im ersten Jahre in Trümmer zerfallen, die einzelnen Gebiete die leichte Beute der Sieger werden würden?

Aber allerdings scheine unumgänglich, dass man gleich im Voraus einen Plan über die Theilung verabrede. Wie derselbe ungefähr sich zu gestalten habe, darüber giebt der Gesandte keine Auskunft: gleichzeitig legt er in einem Bedenken dem Könige an's Herz, wie wichtig die innere Verbindung Frankreichs mit der Pforte sei.

Als im Jahre 1663 auf dem Reichstage zu Regensburg über eine Unterstützung, welche dem Kaiser nach Ungarn geschickt würde, unterhandelt wurde, nahmen sich der Sache an namentlich der Kurfürst von Mainz, Johann Philipp und dessen Vertreter, der geheime Rath Christian von Boyneburg, in dessen Händen die Summe der Geschäfte lag. Für Boyneburg verband sich bei der Lage des Reiches diese Angelegen-

---

1) Il seroit nécaissaire de ne faire point de différence entre ceux de la créance Grecque et la nostre, d'ouïr leurs messes, d'honorer leurs Ecclesiastiques, de faire la signe de la croix comme eux, d'approuver leurs jeusnes et les imiter le plus qu'il seroit possible de faire, cheminer leurs Ecclesiastiques à la teste de nostre armée faisant le meilleur traictement aux Chrestiens de ce pays-là que faire se pourroit et tenir une grand rigeur à ceux qui les voudroit mal traicter. l. l. p. 43.

heit auf das Innigste mit der allgemeinen Ordnung und Sicherstellung desselben. In seinem Geiste erhob sich der Gedanke an eine Coalition aller christlichen Mächte.[1])

Nach alledem lässt sich erwarten, dass einmal ein ernsthafter Versuch gemacht werden würde, gemäss der veränderten Lage und den veränderten Interessen die orientalische Angelegenheit zum Austrage zu bringen. —

---

[1] Gruber, Commercium epistolicum Leibnit. Tomi prod. pars altera. — Boineb. Conringio. Ratisbonae 18. Febr 1664.

Grundzüge der kurmainzer Politik unter Johann Philipp. Leibniz's staatsmännische Anfänge.

Nicht immer beruht politischer Einfluss eines Staates in seinen physischen Hilfsquellen, das Ansehen in der Wucht der Waffen: es kommen Zeiten, wo auch minder mächtige Regierungen ein eminentes politisches Gewicht erlangen. Sie werden der Mittelpunkt, wo die Beziehungen der Nationen sich kreuzen, als die natürlichen Vermittler nehmen sie Theil daran, die Geschicke der Welt zu bestimmen.

So verhielt es sich mit Kurmainz um die Mitte des 17. Jahrhunderts.

Damals trug den Kurhut Johann Philipp von Schönborn. Fürstbischof von Würzburg wurde er nach dem Ableben des heftigen Franzosenfeindes Anselm Casimir von Umstatt 1647 zu dessen Nachfolger als Kurfürst von Mainz erwählt. Man kannte seine Vaterlandsliebe, er war hochgebildeten Geistes, erfahren in den Staatsgeschäften; vor allem empfahl er sich durch seine Mässigung.

Sogleich wurde er in die schwierigsten Geschäfte verwickelt. Die, nach Münster und Osnabrück genannten, Friedensverhandlungen waren im Gange. Man hat es zu rühmen gewusst, welch' grosses Verdienst er sich um das Zustandekommen des Friedens erworben hat.[1] Er war es, der die weitgehenden katholischen Ansprüche zu beschränken verstand.

---

[1] Pufendorf, De rebus Succicis XIX 73.

Als erster Reichsstand — denn er war Kanzler — besass er das höchste Ansehen.

Die Tendenzen, welche er hier verfolgte, blieben fernerhin für ihn massgebend. Dies zeigte sich in bedeutender Weise bei der Kaiserwahl 1658.

Auf der einen Seite wirkten und warben Oestreich und Spanien, auf der anderen Frankreich und England.

Man erinnert sich, dass damals Frankreich und Spanien mit einander kämpften: die spanischen Niederlande waren der letzte Gegenstand des Streites. Durfte man es wagen Oestreich, das doch zu Spanien stand, ohne Weiteres durch die Wahl einen so grossen Einfluss im Reiche zu gewähren? War nicht zu befürchten, dass auch hier der Krieg entbrennen würde? Vor Augen lag die Ohnmacht, in welcher Deutschland durch den unseligen Religionskrieg gebracht war: noch hatte es sich nicht erholt. Die Rheinlande, offen wie sie lagen, waren den Franzosen preisgegeben. Solche Erwägungen wurden in Mainz angestellt. Von selbst gab sich der Versuch an die Hand, einen Ausweg zu finden, um Sicherheit zu gewinnen. Es gelang dem Auftreten Johann Philipp's in die Wahlcapitulation die Clausel zu bringen, dass Leopold, welcher gewählt wurde, nicht durch die Rheinlande den Spaniern zu Hülfe kommen dürfe.

Darin lag ein grosses Moment für die deutsche Geschichte, denn sogleich entsprang hieraus die natürliche Forderung, jene Clausel sicher zu stellen. Der Rheinbund wurde gegründet. Am 18. Juli war der Kaiser erwählt worden, am 15. August 1658 wurde der genannte Bund geschlossen. Als Haupt desselben galt der Kurfürst von Mainz. Darf den Berichten Glauben geschenkt werden, so sollte diese, unmittelbar in Rücksicht jenes Punktes und der Ruhe des Reiches von Johann Philipp eingegangene Allianz schliesslich zur Verwirklichung seines Planes dienen, das Reich zu einer beständigen Verfassung zu bringen.[1])

Nicht minder fand die Mitwirkung von Mainz statt beim pyrenäischen Friedensschlusse (1659). An den Verhandlungen zwischen Don Luys und Mazarin nahm Christian von Boyneburg, welcher durch sein staatsmännisches Talent jenen ebenbürtig war, unmittelbaren Antheil. Mainz stand auf der Höhe seines politischen Einflusses. Dieser Frieden erschien als eine Wohlthat für ganz Europa. Man glaubte, dass in ihm das Schwierigste erreicht worden sei, eine Versöhnung der beiderseitigen Interessen, Ludwig's XIV. und des Oestreichischen Gesammthauses. Der Kurfürst hat wohl in demselben eine Art heiligen Bundes zwischen den beiden mächtigsten Regierungen geschaut. Gewiss, die verwandschaftliche Verbindung der beiden Häuser Habsburg und Bourbon, schien anfänglich der neuen Ordnung der Dinge Dauer zu verleihen. Wie ein Verhängniss erscheint es, dass, so glücklich die Folgen des Mainzer Einflusses anfänglich sich zeigten, doch alle Dinge zum Schlimmen sich kehrten. Auch mit dem Rheinbunde war es so. Der Kurfürst zeigte sich wohl einige Zeit eifersüchtig auf die Ehre, dessen vornehmlichster Urheber zu sein. Aber den deutschen Interessen, welche derselbe doch im Auge hatte, war der Bund verderblich.

Es verhielt sich doch so, wie der französische Gesandte berichtete: Dieser Bund führe den König in den Rath der deutschen Fürsten. Es würde dadurch ein Leichtes, die Triebfedern, welche Oestreich gegen Frankreich in's Spiel setzte, aufzuspüren und zu zerstören. Er sei das grosse Rad, dessen stille Bewegung die übrigen Verbindungen mit sich fortreisse.[2])

---

1) Leibniz l. Klopp I. De foedere Rhen: Cum iceretur foedus Rh., animus erat formare aliquando Rempublicam nostram (quo fine et interregnum prolongarunt) quod ne Austriaci impedirent Hispanive Gallorum freno coercendi erant. Interea hoc foedere panlatim assurecturos se sperabant Moguntini zu einer beständigen Reichsverfassung".

2) Robert de Gravel an Lionne bei Mignet, Négociations relatives à la succession d'Espagne sous Louis XIV. tom II part. III sect. I p. 36.

Soll der Kurfürst für dies alles verantwortlich gemacht werden? Ausser Frankreich und Schweden und Mainz begriff der Bund bei seiner Gründung das lüneburgische Gesammthaus, Hessenkassel, Pfalzneuburg. Bei der Erneuerung 1659 traten Würtemberg, Darmstadt, die Bischöfe von Basel und Zweibrücken bei: im Jahre 1661 selbst der grosse Kurfürst, über dessen deutsche Gesinnung kein Zweifel sein kann.

Von den deutschen Gliedern war der eifrigste Vertreter der hier ausgeprägten Politik der Kurfürst von Mainz. Es kam darauf an, ob es ihm, bei der vermittelnden Stellung zwischen König und Kaiser, lange möglich sein würde sich im Gleichgewichte zu erhalten. Wie nun, wenn die Interessen übermächtig über seine Grundsätze siegten, ihn auf die eine oder andere Seite zogen?

Durch den westphälischen Frieden war wie andere mächtige oder freie Reichsstädte, Erfurt seiner Selbständigkeit beraubt worden. Es wurde in die Oberherrlichkeit des Kurfürsten gegeben. Allein die Stadt war mit nichten einverstanden. Sie protestirte endlich (1663) beim Reichstage in Regensburg. Die Sache traf zusammen mit den Verhandlungen über Sicherstellung des Reiches und Massnahmen gegen die Türken. Der Reichstag war anfangs geneigt einen Vergleich anzustellen oder die Entscheidung auf die Zukunft zu verschieben. Johann Philipp, welcher sich auf das Schmerzlichste in seiner Souveränetät verletzt fühlte, wollte schlechterdings zum Ziele kommen. Trotz des hartnäckigen Widerspruchs von Boyneburg[1]) trat er mit Frankreich in Besprechungen über Hilfstruppen ein, da er allein zu schwach war, die Stadt zu bezwingen. Der Kaiser hatte die Acht ausgesprochen. Französische Truppen zogen in's Land, um eine deutsche Stadt einem deutschen Fürsten zu unterwerfen.

Wie hätte der Kurfürst, der sich den Franzosen in die

---

1) Mit Pelisson, Mémoires 191 vergl. Leibnitius, De foedere Rhenano b. Klopp I.

Arme warf, dem Kaiser entfremdete, an das damals in den deutschen Angelegenheiten Wichtigste, die Verfassungsfrage, welche ihm immer am Herzen gelegen hatte, denken können!

Es dauerte einige Zeit, ehe ihm die Augen aufgingen, ehe die von Frankreich drohende Gefahr ihn wieder dem Kaiser näherte. Durch selbstische Interessen auf beiden Seiten war der Riss entstanden, die Furcht brachte sie wieder zusammen. „Erbärmlich ist es", ruft in diesem Momente ein Zeitgenosse aus, „aus Zwang gut zu sein; da giebt's keine Freude für die Gegenwart, keinen Lohn für die Zukunft!"

Boyneburg vertrat, wie bemerkt, zur Zeit des Erfurter Streites eine ganz andere Meinung als sein Herr. Sonst hatte er sich mit dem Kurfürsten eins wissen dürfen durch die gleichen Gesinnungen, welche obwalteten. Auch er suchte Frieden und Freundschaft mit Frankreich; nur diese Politik hielt er für heilsam. Aber über alles gingen ihm zur Zeit die allgemeinen Reichsangelegenheiten.[1]) Bei dem misslichen Stand Deutschlands und der Christenheit war ihm das erste und wichtigste Geschäft, auf eine Vereinigung der Gesinnungen und Kräfte hinzuwirken, damit der Artikel von der Sicherheit des Reiches und der allgemeinen Bewaffnung festgestellt werde. Das beleidigte seinen Herrn wie die Franzosen. Hatte er durch zu offnes Aussprechen seines Selbstbewusstseins, welches ihm die Ueberlegenheit über den Kurfürsten einflösste, schon vordem diesen gekränkt, so bedurfte es in diesem Augenblicke von Seiten der Franzosen, welche Boyneburg der Treulosigkeit bezüchtigten, keiner grossen Anstrengung, um Johann Philipp dahin zu bringen, dass er seinen Minister fallen liess. So

---

1) Gruber, Commerc. epest. Leibnitz Tom. pr. pars. altera. No. CCCLXXIV. Boineb. Conringio Francof. 20. Oct. 1663: In hoc miserrimo Christianae et Germaniae rei statu conjunctis viribus animisque per opus est. Adeoque articulum securitatis publicae et communium armorum sub auspicio Imperii expediundorum omnino in tuto ponendum est idque cito, procul dubio mecum cogitas. Amovendus igitur est scrupulus et obex horribilis ex capitulationis negotio oriundus.

erwarb er Erfurt; so wurde er freier Fürst, der die Angelegenheiten allein und selbständig ausführte; denn er wünschte sehnlich, Regent zu sein nach dem Vorbilde Ludwigs XIV.

Boyneburg, der Untreue beschuldigt, wurde August 1664 verhaftet und erst im Frühjahr 1665, nicht ohne freiwillige Fürsprache des französischen Ministers, Lionne, wieder in Freiheit gesetzt.

Er begab sich nach Frankfurt.

Als er den tiefen Sturz vor Augen gesehen, da hatte jene furchtbare Angst ihn überkommen, die den Menschen wohl erfasst, wenn er Alles verloren sieht, was sein bisheriges Dasein ausfüllte. Aber im Unglücke fasste sich seine Seele; seine Bekenntnisse sind herrliche Denkmale einer hohen Gesinnung.

Für immer beschloss er, öffentlichen Aemtern zu entsagen; der Frieden des Privatlebens begann ihn zu erfreuen. Seine Gedanken gehörten jetzt der Religion und der Wissenschaft.

Da nun geschah es, dass Boyneburg bei Gelegenheit eines Aufenthaltes in Nürnberg, Frühjahr 1667, Leibniz kennen lernte.

Als dieser seinen ersten Schritt that, um eine Lebensstellung sich zu sichern und bei der Leipziger Juristenfacultät die Würde eines Doctor der beiden Rechte, welche mit der Zeit unter die Assessoren einreihte, sich erwerben wollte, wurde er wegen seiner Jugend — er hatte eben das zwanzigste Lebensjahr überschritten — zurückgewiesen. Er beschloss sein Heil in der Fremde zu versuchen und wandte sich nach der nürnbergischen Universität Altdorf. Seine glänzende Disputation daselbst setzte alle Anwesenden in massloses Staunen. Sogleich wurde ihm eine ausserordentliche Professur angeboten, um ihn festzuhalten.

Boyneburg, mit dem jungen Manne zusammentreffend,

erkannte dessen Geistesgrösse; er, der den edlen Eifer hatte, jungen Talenten den rechten Platz zu verschaffen, nahm ihn mit sich nach Frankfurt.

Von hier aus begab sich Leibniz bald nach Mainz (1668). Durch eine Schrift, betitelt: Neue Weise, die Rechtswissenschaft zu lernen und zu lehren, welche er dem Kurfürsten widmete, gewann er dessen Wohlwollen.[1])

Leibniz stand damals im 22. Lebensjahre. Er war von mittlerer Grösse, fast schmächtig; sein Antlitz zeigte eine Blässe, die durch die anstrengende Nachtarbeit, welche er liebte, sich noch mehr ausprägte.

Er besass eine unermessliche Gelehrsamkeit: in jedem Gebiete der Wissenschaft war er heimisch. Bei Allen, Alten und Neueren, war er in die Schule gegangen, um sie bald hinter sich zu lassen. Er hat sich später darum glücklich gepriesen, weil er sein Leben lang Autodidakt gewesen sei. Freilich war er es: wenn Niemand mehr ihm etwas zu sagen wusste, forschte er allein weiter. Denn überall suchte er in die Tiefe zu dringen, der Dinge Wurzel zu ergründen.

Mit wem er auch in Verkehr trat: es währte nicht lange, so besass er dessen Bewunderung und Gunst. Wenn er beredt wurde, dann rötheten sich seine Züge, indem er Geist sprühete. Die unerschöpfliche Fülle des Wissens, die sich offenbarte, erschien verklärt durch die Energie der Ideen.

Ueber der Beschäftigung mit den Wissenschaften, wie sie bisher ausgebildet worden, erhoben sich ihm die kühnsten reformatorischen Gedanken.

Von der Betrachtung ausgehend, dass Gott die vernünftigen Creaturen geschaffen, damit sie ein Spiegel seien, worin seine unendliche Harmonie und Schönheit auf unendliche Weise

---

1) Methodus nova discendae docendaeque jurisprudentiae. Francof. 1668. (Widmung von 1667.)

vervielfältigt würde, entwirft er das grossartigste Gemälde einer nach allen Seiten sich verzweigenden Wissenschaft.¹)

Doch diese theoretische Seite seiner Thätigkeit müssen wir verlassen.

Von der höchsten Bedeutung war es, dass Leibniz durch seinen mainzer Aufenthalt in das Leben eingeführt wurde und an den bedeutendsten Fragen, welche die damalige Welt bewegten, unmittelbaren Antheil nehmen konnte. Grosse Probleme, welche Kirche und Staat betrafen, waren zu lösen.

Es ist bekannt, dass damals in Deutschland über einen Kirchenfrieden auf das Eifrigste verhandelt wurde. Man hatte theils die Gräuel des Religionskrieges selbst erlebt, theils das Elend, was im Gefolge desselben war, noch vor Augen. War es da nicht natürlich, dass man solche Ereignisse für immer unmöglich machen wollte? Die edelsten Männer bewegte dieser Gedanke. Mainz war der Mittelpunkt solcher Bestrebungen. Auf's Freudigste schloss Leibniz sich ihnen an.²) Sogleich bot sich ihm eine Seite dar, wo das Unternehmen fassbar erschien.

Damals kam es nicht selten vor, dass die theologischen Streitigkeiten mit Hülfe juristischer Methode geschlichtet werden sollten. Die Gebrüder Walenburg, die Hauptunionisten, betrieben die Sache auf diese Art. Leibniz hatte schon früher die Ueberzeugung gewonnen, dass die Gottesgelahrtheit die Wissenschaft der Rechte im Reiche Gottes sei.³) Es erschien

---

1) Grundriss eines Bedenkens von aufrichtung einer Societät in Teutschland zu aufnehmen der Künste und Wissenschaften.
Bedenken von aufrichtung einer Academie der Societät u. s. w. b. Klopp I.
2) Meth. Nova Praef: O mihi tam longe maneat pars ultima vitae donec videre liceat coeuntia Germaniae ulcera, Principumque concordiam inter mutuos amplexus exsultantem. Tum vero redibit honor templis, charitas animis, virtus genti, exteris terror, salus omnibus!
3) De arte combinatoria (1666) b. Dutens, Opp. II 363: Par in Theologia terminorum ratio est, quae est quasi Jurisprudentia specialis sed eadem fundamentalis ratione ceterarum. Est enim doctrina quaedam de Jure publico quod obtinet in Republica Dei in homines et cet. cfr. Meth. Nova l. l. IV 3. 180.

ihm die Vereinigungsangelegenheit vornehmlich als eine kirchliche Verfassungsfrage: das Bekenntniss der Väter sollte eine Art Constitution sein, zu der sich die Kirchenparteien durch einen Compromiss verständen.¹) Das blieb sein Standpunkt.

Mit seiner Kirchenpolitik standen die Ideen über das Staatswesen im innigsten Bezuge: Beides erwuchs aus derselben Wurzel.

Leibniz ist beseelt von der Grundanschauung einer Theokratie, welche alle christlichen Völker befasst. Ihr König ist Christus: er hat alle Gewalt im Himmel und auf Erden. Der Papst ist sein Stellvertreter auf Erden, sofern er das Ziel für alle christlichen Reiche vorschreibt, wie die Schrift sagt, dass die Gerechten die Welt beherrschen werden. Aber der Papst ist den Versuchungen des Teufels, der an Christum vergeblich herantrat, erlegen; denn zuerst ist es geschehen, dass die Kirche Geld und Gut erwarb, dann dass sie unendliche Streitfragen aufstellte und schliesslich dass der Papst sich die Herrschaft über alle Reiche der Welt anmasste.

Die Kirche ist nicht im Staate, sondern der Staat in der Kirche; der Staat beschränkt, aber die Bestimmung der Kirche ist die Ausbreitung über alle Welt. Doch es wäre ebenso unrichtig, würde mit der weltlichen die kirchliche Macht verbunden, wie wenn mit der kirchlichen die weltliche verbunden würde. Der Papst herrscht nur im Geistlichen, der Kaiser im Weltlichen. Dieser ist Anwalt und Schutzherr der Kirche. Das römische Reich deutscher Nation ist ein von Regenten und Republiken zu dem Zwecke eingegangenes Staatswesen, auf dass alle Gläubigen glückselig werden.

Man sieht, wie die Gedanken hin und her wogen. Eine grosse Verehrung gegen die christliche Weltgestaltung des Mittelalters bricht hindurch. Aber man weiss, aus den späteren Verhandlungen Leibniz's mit Bossuet, dass er den Papst nur unter derselben Bedingung anerkennen wollte, welche

---

1) Vergl. Grundriss u. s. w. b. Klopp I. 130—33.

einst Melanchthon unter den schmalkaldischen Artikeln noch zulässig gefunden hatte. Er hegt eine Art von Religion für das heilige römische Reich deutscher Nation, das doch nur dem Namen nach noch existirte: er spricht von demselben mit der Andacht, womit der ehrwürdigen Erscheinungen Erwähnung geschieht, die übergross in der Idee und darum von der Rücksichtslosigkeit der geschichtlichen Entwicklung gebrochen, noch hinüberleuchten in die künftigen Zeiten und die Jugend von Geist und Schwung erwärmen und entzücken. Zuletzt aber: welche Anschauung hatte sich dem Lehrer von der Harmonie der Dinge mehr empfehlen können als diese, deren Grundzüge wenigstens wir eben erkannten, die Leibniz immerdar festhielt? Seine zugleich tief religiös gestimmte Natur suchte nach einer Realität, in welcher die Einheit der menschlichen Dinge zur Erscheinung käme.

Vorzüglich sah sich Leibniz darauf verwiesen, das Wesen der deutschen Reichsverfassung zu erörtern. Durch die aufregenden Schriften von Hippolytus a Lapide (1640) und Monzambano (1667) war diese Frage in Fluss gebracht worden. Er will Monzambano, in dem er sehr bald Pufendorf erkannte, nicht zugeben, dass Deutschland ein Staatenbund sei, sondern behauptet, es sei ein Staat, eine moralische Person. Im Imperium sei die Herrschaft über die Reichsterritorien enthalten. Die Stände haben ihre Gebiete als eine Art Feudalbesitz. Indessen darf nicht sogleich geschlossen werden, dass beim Kaiser alle Macht liege. Ein deutscher Reichsstand sei deshalb, weil er vom Reiche ein Lehen trage und insofern dem Reiche und dem Kaiser verpflichtet sei, kein Unterthan; nicht dem Kaiser allein sei er verpflichtet, sondern dem Reiche, den Ständen, den Reichstagen und so zum Theil sich selber.

Die praktische Verwerthung dieser Gedanken erfolgt dann in seinen Denkschriften für Boyneburg und den Kurfürsten, denen er nahe getreten war.

Anfangs hatte Leibniz in Mainz keine feste Stellung. Vom Kurfürsten war ihm nur eine wissenschaftliche Aufgabe, die Ueberarbeitung des römischen Rechtes in Rücksicht auf die Bedürfnisse der Zeit — übertragen worden, welche Arbeit er in Gemeinschaft mit dem Hofrath Lasser ausführte. Endlich, Sommer 1670, wurde er Rath am Oberrevisionscollegium zu Mainz, der höchsten Behörde des Kurfürstenthums.

Mit Boyneburg entstand ihm ein vertrauter Verkehr. Dieser war im Jahre 1668, nachdem er mit dem Kurfürsten in verwandtschaftliche Beziehung getreten — dessen Neffe wurde sein Schwiegersohn — nach Mainz zurückgekehrt. Dort lebte er ohne ein Amt, aber in unaufhörlicher Berührung mit den öffentlichen Angelegenheiten: ein Orakel auch für die rheinischen Fürsten, selbst Frankreich, welche alle seine grosse Einsicht und lautere Gesinnung anerkannten.

So ganz hatte er doch nicht den Trieb, thatkräftig in die grosse Politik einzugreifen, unterdrücken können. Durch die freiwillige Abdankung Casimirs war der polnische Königsthron erledigt. Unter Anderen bewarb sich um denselben der Pfalzgraf Philipp Wilhelm von Neuburg. Auf Rath des Kurfürsten von Brandenburg wandte er sich an Boyneburg und bat ihn, die Gesandtschaft an den polnischen Reichstag zu übernehmen. Dieser ging darauf ein trotz der eindringlichen Abmahnung seines Freundes, des Polyhistor Conring. Um die Gemüther für den Pfalzgrafen zu gewinnen, verfasste Leibniz eine Schrift, die mit verstecktem Namen des Autors herauskam.[1] Sie trug dem Verfasser das höchste Lob ein. Boyneburg, der doch unglücklich heimkehrte, nannte ihn den grössten Bearbeiter der grössten Angelegenheiten, der ausgezeichnete Staatsrechtslehrer Böcler in Strassburg bekannte in Erwiderung auf

---

[1] Specimen Demonstrationum Politicarum pro eligendo Rege Polonorum, novo scribendi genere ad claram certitudinem exactum. Autore Georgio Ulicovio Lithuano. Gedruckt zu Danzig 1669. — Dutens, Opp. Leibn. Tom. IV Pars III p. 522 sqq.

diese Worte, die bezeichnete Schrift sei in so scharfsinniger Weise ausgeführt, dass man ein ähnliches Beispiel wohl nicht nennen könne.

Natürlich tritt hier, da ein deutscher Kurfürst empfohlen wird, die Beziehung hervor, in welche bei dessen Wahl Polen zu Deutschland treten würde. Eine Verbindung mit diesem sei Polen nicht gefährlich. Der Genius und das Ziel beider fallen zusammen: keines erstrebt eine Erweiterung seiner Grenzen, sondern die Bewahrung seiner selbst.

Eben dieser Gedanke wurde zur Zeit am mainzer Hofe lebhaft erwogen. Der Kurfürst war von demselben erfüllt. Mit aller Kraft warf er sich darauf die Sicherstellung des Reiches herbeizuführen. Ludwigs XIV. Benehmen flösste ihm jetzt die tiefste Sorge um das Reich ein. Seit dem Einfalle Ludwigs in die spanischen Niederlande (1668), glaubte er dessen Anschläge ganz zu verstehen. Noch im Jahre 1667 war der Kurfürst dem rheinischen Collektiv-Bündniss beigetreten, welches dem Könige zugute kam. Aber die Erneuerung des rheinischen Bundes wusste er zu hintertreiben. Nach Ludwigs Einfalle war die demselben feindselige Gesinnung durchgebrochen. So gross wurde sogleich die Spannung, dass der Kurfürst bei den Verhandlungen über den Aachner Frieden (1668) übergangen wurde. Er seinerseits liess es nicht daran fehlen, seinen Unmuth gegen Frankreich zu äussern und ihm im Reiche entgegenzuarbeiten. Im Jahre 1669 suchte er, freilich vergebens, eine Kurfürstenversammlung zu Stande zu bringen, damit gegen Frankreichs Gebahren, das für Holland und das Reich immer gefährlicher wurde, Massregeln getroffen würden. Zu der im Jahre 1668 geschlossenen Trippelallianz zwischen Holland, England und Schweden, welche der grosse holländische Staatslenker de Witt geschaffen, zeigte er vom Anfang an gemeinsam mit dem Herzoge Karl von Lothringen eine grosse Zuneigung. Nur Boyneburg hielt ihn davon ab, derselben beizutreten.

In einer Zusammenkunft von 1670, welche Johann Philipp mit dem Kurfürsten von Trier in Schwalbach hatte, wurde die Lage und die obschwebenden Fragen eingehend in Betracht gezogen.

Die Grundlage der Besprechung bildete eine Denkschrift[1], deren Verfasser Niemand anders als Leibniz ist. Er war das Organ Boyneburgs. Der erfahrene Staatsmann und der junge Weltweise standen im regsten Ideenaustausche, wobei der Selbstständigkeit Keines Eintrag geschah. Boyneburg hatte Leibniz eingeführt in die innere Werkstätte des politischen Lebens; ganz von selbst schloss sich dieser den Tendenzen jenes an, sie wurden seine eigenen. So sprach er nun in der Denkschrift in Boyneburgs und seinem Sinne und Namen.

Der Grundgedanke ist dieser, dass zur Sicherung Deutschlands ein Bündniss etlicher Stände mit dem Kaiser aufgerichtet werden müsse. Dabei sollen folgende Grundregeln walten: dass die neue Allianz deutscher Stände sich in nichts weiter mische, als was das Reich angehe, dass durch sie keine Trennung im Reiche verursacht und schliesslich, dass durch sie Frankreich keine Gelegenheit zur Feindseligkeit gegeben werde.

Das römische Reich, so hebt er an, ist ein Land, das für sich selbst besteht und in dessen Macht es ist, glücklich zu sein, wenn es will. Aber die tägliche Erfahrung lehre die Menge der Misbräuche. Sie seien unzählbar; nur ihre Ursprünge und Quellen liessen sich darlegen. Die Hauptgefahr seien nicht die übel eingerichteten Commercien, das grundverderbte Münzwesen, die Ungewissheit der Rechte und die Saumseligkeit der Processe, die nichtswürdige Erziehung und unzeitige Reisen der Jugend, der einreissende Atheismus, die von fremder Pest angesteckten Sitten, der Religionszwist; freilich

---

1) Bedenken, welchergestalt Securitas publica interna et externa et status praesens im Reich jetzigen Umständen nach auf festen Fuss zu stellen. Pars I.

schwächten sie langsam das Reich und würden es endlich unfehlbar ruiniren, aber doch nicht mit einemmale über den Haufen werfen. Was unsere Republik auf einmal stürzen kann, ist ein innerlicher und äusserlicher Hauptkrieg, dagegen wir ganz blind, schläferig bloss, offen, zertheilt, unbewehrt und nothwendig entweder des Feindes oder, weil wir bei jetziger Anstalt solchem selbst nicht gewachsen, des Beschützers Raub sein werden. Die Kur der Krankheit des Reiches müsse also wesentlich auf den mehr vorgenommenen als gehobenen Punkt der Securität gehen. Das Reich soll eine Civilperson sein. Wie nun in der menschlichen Person der Geist, das Blut und die Glieder sich finden, also sei auch hier ein beständiger Rath, welcher den Geist, ein dauerndes Aerar, welches Geblüt und Adern, ein stehendes Heer, welches die Glieder darstelle, von Nöthen. Hiernach erinnert er an die Mängel, die sich immer gezeigt. Da redet er von der Trägheit bei Aufstellung von Truppen, von den ewigen Querelen bei den Anschlägen, von den Schwierigkeiten, die unaufhörlich einem ordentlichen Directorium von den Ständen gemacht wurden. Der eine fürchte der Religion, der andere der Polizei, der dritte sorge, es möchten die Mächtigen durch eine scharf angezogene Verfassung die Uebrigen zu unterdrücken suchen. Nicht wenig Stände fischten im trüben Wasser, sähen gern des Reiches Zerrüttung, scheuten eine richtige Justiz, eine prompte Execution wie das Feuer; hingegen liebten sie die gegenwärtige Verwirrung, darin jeder Parteiungen machen, sein Gegentheil aufhalten, Urthel und Recht eludiren, an Fremde sich hängen und ohne Verantwortung leben könne, wie er wolle. Selbst diejenigen, die sich das Werk nicht entgegen sein liessen, seien gutentheils eben so eifrig nicht, sonderlich weil jetzt keine allgemeine Noth, wie vordem der Türkenkrieg, sichtbarlich vor den Augen schwebe.

Man wird gestehen, dass nur die feurigste Vaterlandsliebe dem angehenden Staatsmanne den Muth eingeben konnte, vor

Fürsten des Reichs so scharf und rücksichtslos die Lage zu beleuchten. Indem er sich der Hindernisse bewusst ist, welche einer Besserung der Lage sich entgegenstellen, will er, dass man gleichsam nur mit halbem Winde dahin gelangen solle, wohin man mit vollen Segeln auf dem Reichstage nicht kommen könne. Da eine Union des ganzen Reiches erwiesenermassen ein verzweifeltes, fast unmögliches Werk sei, so bleibe vorerst nichts als ein Particular-Bündniss gewisser bedeutender, bedrohter, des Reichs sich vor anderen annehmender Stände. Der Eintritt Einzelner in die Trippelallianz sei unrathsam wegen des verderblichen Zornes von Seiten Frankreichs, wegen der misslichen Stellung in derselben als stumme Person und zuletzt auch darum, weil die Trippelallianz an sich ein zerbrechliches Rohr sei. Mit überraschendem Scharfsinn führt er diese Dinge aus. Er geht nun unter Anleitung jener äusseren und inneren Gesichtspunkte dazu über die Grundrisse der Allianz zu zeichnen, die Verfassung zu beschreiben, ihre wohlthätigen Folgen darzustellen. Vor seinem Geiste steigt die Gestalt jenes verbesserten Zustands auf, der Deutschland wieder in Blüthe bringen, sein Glück und sein Ansehen zurückführen werde. Ueber Deutschland hinaus lässt er sein Auge schweifen. Mit seinem universalen Geiste umfasst er das Wohl Europa's, der Welt. In prophetischem Fluge erhebt er sich. „Gewisslich", so ruft er aus, „wer sein Gemüth etwas höher schwingt und gleichsam mit einem Blicke den Zustand von Europa überschaut, wird mir Beifall geben, dass diese Allianz eines von den nützlichsten Vorhaben sei, welche jemals zu allgemeinem Besten der Christenheit im Werk gewesen. Das Reich ist das Hauptglied, Deutschland das Mittel von Europa. Deutschland ist vor diesen allen seinen Nachbarn ein Schrecken gewesen; jetzt sind durch seine Uneinigkeit Frankreich und Spanien furchtbar geworden, Holland und Schweden gewachsen. Deutschland ist der Zankapfel wie vormals Griechenland, hernach Italien. Deutschland ist der Ball, den einander zugeworfen, die um die Monarchie gespielt, Deutschland ist der Kampfplatz, darum man um die Meisterschaft von Europa gefochten. Kurz, Deutschland wird nicht aufhören seines und fremden Blutvergiessens Materie zu sein, bis es aufgewacht, sich gesammelt, sich vereinigt und allen Freiern die Hoffnung, es zu gewinnen, abgeschnitten. Alsdann werden unsere Sachen ein ander Aussehen haben. Man wird allmälig eine Civil-Person und -Form im Reiche wahrnehmen, an der beiderseits beabsichtigten Monarchie verzweifeln; ganz Europa wird sich zur Ruhe begeben, in sich zu wüthen aufhören und die Augen dahin werfen, wo so viele Ehre, Sieg, Nutzen, Reichthum mit gutem Gewissen auf eine Gott angenehme Weise zu erjagen. Es wird sich ein andrer Streit erheben, nicht wie einer dem anderen das Seinige abdringen, sondern wer am meisten dem Erbfeinde, den Barbaren, den Ungläubigen abgewinnen und nicht allein sein, sondern auch Christi Reich erweitern könne. Was placken wir uns hier um eine Hand voll Erden, die uns so viel Christenblut zu stehen kommt!

> Heu! quantum terrae potuit pelagique parari
> Hoc quem civiles fuderunt sanguine dextrae!

Wenn Schweden und Polen die Macht, die sie gegen einander geführt, auf die Barbaren gewendet, sollte nicht jenes bis in Severien, dieses bis in Taurien vorgedrungen sein? Und gewisslich, wir wollen von beiden jungen Königen etwas dergleichen hoffen, wenn der eine seine schon in der Kindheit hervorleuchtenden Gemüthsgaben, der andere seine ihm durch die göttliche Vorsehung wunderbar in die Hand gegebene Macht zu brauchen anfangen wird. Und was kann sich besser zu diesen Gedanken schicken, denn der jetzige so glückliche, unverhoffte Erfolg des Kaisers in Ungarn, damit ihm Gott gezeigt, wohin er seine Waffen wenden sollte? Sollten nun der Kaiser, Polen, Schweden auf eine Seite, in gleicher Linie auf die Barbaren gehen und die Gebiete der

Christenheit zu erweitern suchen; der Kaiser und Polen auf die Türken, Moskau auf die Tartaren mit Ernst dringen und keiner in andere Pläne vertieft sein oder andere Feinde zu fürchten haben, wie bald sollte bei gerechter Sache der Segen Gottes zu spüren sein. Hingegen hätten England und Dänemark Nordamerika gegen sich, Spanien Südamerika, Holland Ostindien. Frankreich ist fatal und von der Vorsehung Gottes vorbehalten, ein Führer der christlichen Waffen in der Levante zu sein und Gottfriede, Balduine, vor allen Dingen heilige Ludwige der Christenheit zu geben, das ihm gegenüberliegende Africa anzugreifen, die Raubnester zu zerstören, Aegypten selbst, das eins der bestgelegenen Länder, anzugreifen und, weil's ihm weder an Volk noch Geld mangelt, selbige Länder aber wegen des langen Friedens übel bewehrt und keines Krieges sich versehen, wohl gar zu übermeistern; von Führung der Colonien in West- und Ost-Indien, darauf man ohnedies genugsame Reflexion in Frankreich macht, zu geschweigen. Und was sind für weitläufige, unerforschte Küsten übrig, die ohne allen Unterschied, was jeder zuerst entdeckt, preiszugeben? Hierbei würde unsterblicher Ruhm, ruhiges Gewissen, allgemeiner Beifall, gewisser Sieg, unaussprechlicher Nutzen sein. Alsdann wird jenes Philosophen[1]) Wunsch wahr werden, der das riethe, dass die Menschen nur mit Wölfen und wilden Thieren Krieg führen sollten, denen noch zur Zeit vor ihrer Bezähmung die Barbaren in etwas zu vergleichen."

Wie tief die orientalischen Verhältnisse in das politische Gedankenleben Leibniz's verflochten sind, ist ersichtlich. Schon frühe hatten sie seinen Blick auf sich gezogen. Hatte ja Leibniz die Aufregung eines Türkenkrieges mit erlebt. Der Fall von Neuhäusel 1663 war für Deutschland ein Schlag von erschütternder Wirkung. Er verbreitete Furcht und Entsetzen. Ueberall wurde man aus der Unthätigkeit herausge-

---

1) Baco II.

trieben und unter die Waffen. Bei St. Gotthard (1. Aug. 1664) sah man neben den Kaiserlichen auch Kriegsvölker aus dem Reiche kämpfen; französische Truppen wetteiferten mit ihnen um die Palme der Tapferkeit. Montecuculi's Sieg wurde gefeiert als ein Triumph der vereinigten Christenheit über die Ungläubigen. Es lässt sich ermessen, welch tiefen Eindruck solche Ereignisse auf ein jugendliches Gemüth machen mussten. Sodann war es der gewaltige Kampf zwischen der Pforte und Venedig auf Candia, welcher bis in die entlegensten Lande die christlichen Sympathien erweckte, ganz Europa in Spannung hielt. Hoffnungsvoll wandten sich die Augen aller Besorgten dem mächtigen Frankreich zu. Bald, um die seinem Gesandten angethanen Beleidigungen zu rächen, bald um der öffentlichen Meinung zu genügen, bald um wegen seiner wichtigen Wünsche auf die Pforte einen gelinden Zwang zu üben, unterstützte dasselbe die Feinde der Pforte. Was aber den leibnizischen Gedankengang im Besondern betrifft, so liegt die Berücksichtigung des Orients einmal begründet in seiner universellen Auffassung der Dinge überhaupt, — er hat Aufzeichnungen hinterlassen, wo er die Bedeutung der Pforte für die innereuropäische Politik in Betracht ziehend die möglichen Combinationen überdenkt und untersucht — schliesslich aber in seinem theokratischen Grundsatze. Sein Leben und Weben in dem Gedanken eines heiligen römischen Reiches, eines christlichen Völkervereines, dessen Gegensatz die gesammte ausserchristliche Welt, im Besonderen die Muslimen waren, liess ihn die orientalischen Verhältnisse mit den abendländischen unmittelbar verbinden. Mit den Angelegenheiten des Deutschen Reiches traten sie ihm in innigen Zusammenhang; denn die Ordnung derselben ist die Grundlage für das Wohlsein der Christenheit. „Zu jenem glücklichen Zustande der christlichen Staaten", fügt er der obengenannten Ausführung hinzu, „kann derjenige den Grund legen helfen, der dieses bisher ausgeführte, zur Ruhe und Sicherheit Deutschlands so nöthige als kräftige Werk befördern hälfe. Wenn Deutschland dadurch unüberwindlich gemacht, wenn, wie gedacht, alle Hoffnung, es zu dämpfen, verschwunden, wird die Kriegslust seiner Nachbarn nach eines Stromes Art, der wieder einen Berg trifft, auf eine andere Seite sich wenden."

Man darf wohl glauben, dass der Kurfürst Johann Philipp den Bestrebungen, die in der leibniz'schen Denkschrift ausgeführt waren, zustimmte. Ein plötzlich einbrechendes Ereigniss musste zu deren Ausführung noch mehr drängen: es war die Verjagung des Herzogs von Lothringen (1670) durch den französischen Marschall Crequi. Beim Kurfürsten stellten sich die nagendsten Sorgen ein. Man wollte ihre Wirkungen selbst in seinem körperlichen Befinden sehen; er wurde krank und elend. — Das war klar: es galt, zu eilen mit der Sicherstellung eines Bündnisses. Lauerte nicht die Gefahr unmittelbar an den Grenzen?

Gegen Ende November 1670 gab Leibniz die Fortsetzung seines Bedenkens. Sie schildert die Lage des Reiches vornämlich in Rücksicht auf Frankreich. Die Schilderung der muthmasslichen Pläne desselben tritt in den Vordergrund. Was jenseits zu vermuthen, diesseits zu thun, jenseits zu fürchten, hier zu wagen sei: das will der Verfasser darlegen.

Wie die Menge, und nicht blos diese, bei grossen Epochen, wo die Staatenverhältnisse eine tiefgehende Verrückung erfahren, in diesen Dingen das möglichst Abenteuerliche am liebsten annimmt, so verbreiteten sich damals die unbegrenztesten Vorstellungen über die Bestimmung und das Streben Ludwigs XIV. Da wurde wohl geweissagt von einer Weltherrschaft desselben, mindestens der Wiederherstellung des carolingischen Reiches. Leichtbegreiflich war, dass bei den Rüstungen, den unaufhörlichen Werbungen, welche nach der Besetzung Lothringens fortgingen, die Franzosen etwas Bedeutendes im Schilde führen mussten. Lothringen ihnen wieder abzunehmen, dazu machte Niemand die Miene und jene Ausrüstungen konnten, wie Leibniz sagt, nicht zu einem Fischfang in der Luft bestimmt sein.

Dass nun der König von Frankreich das römische Reich anzugreifen sich unterstehe, es zu überwältigen hoffe und Pläne eines Karl des Grossen, Karl V. oder Gustav Adolph führe: dazu seien er und seine Minister zu klug. Er wolle mit langsamen, doch gewissen festen Tritten die Staffeln zum Schiedsrichteramte in Europa hinaufsteigen. Deutschland zu überwinden, falle ihm nicht bei. Dieses nur im Zaume zu halten brauche man schon mehr als hunderttausend Mann' zu Besatzungen und jederzeit vier starke Armeen im Felde. Wer aber nicht überall sei, der werde ein Loch zu und zehn andere aufmachen. Das habe der alte Ochsenstirn oft gesagt und die Spanier ausgelacht, die ein solches Land zu unterjochen hofften. Da sei eine Menge hoher Häuser, mit denen ganz Europa verbunden, eine Unzahl fester Plätze und habe man die Kunst, sich zu wehren, erlernt. Schliesslich aber werde, wie auch Italien gelehrt, die Feindschaft im Volke unauslöschlich und verderblich werden. Dass es den spanischen Niederlanden gelten solle, sei, nachdem England und Schweden mit Beistimmung der Parteien das Schiedsgericht übernommen, nicht glaublich. Des Königs Absicht sei, durch diesen Angriff England und Holland zu theilen und gleichsam jenem zu Ehre und zu Liebe die spanischen Niederlande zu verschonen. Aber Holland dürfe er ohne Sorge vor England angreifen. „Kein Hass", sagt er, „ist grösser als der aus der Freundschaft geboren, gleichwie kein Gift ärger als das aus der Fäulniss köstlicher Arzneien entstanden". Freilich nach Affekten zu handeln, sei für keinen Staatsmann anständig, dennoch aber, wo sie von festen Vernunft- und Staats-Gründen begleitet werden, folge nicht eine verdoppelte, sondern multiplicirte Intention daraus. Denn wie wenn die Länge vier und die Breite vier, der Inhalt der Figur nicht acht sondern sechszehn sei, also wenn die Affekte zu thun zehnmal stärker als nicht zu thun und die Vernunftgründe zu thun zehnmal stärker als zu lassen, sei die ganze Neigung nicht wie zwanzig sondern wie hundert. Solches nun kurz zu beweisen, dass Frankreich von Interesse wegen mit Holland anbinden müsse, sei nöthig das Interesse von Frankreich an sich selbst kürzlich zu weisen und dann darzuthun, dass eine Feindseligkeit gegen Holland folge.

Dass ein solcher Mann wie Ludwig, der König eines solchen Landes wie Frankreich sei, über Andere zu herrschen strebe, sei natürlich. Unzweifelhaft suche Frankreich eine Monarchie, vielleicht aber auf eine andere Weise als man sich insgemein einbilde. Insgemein spreche man von einer Universalmonarchie, wenn ein König mit einem gewaltigen Heere ein Land nach dem anderen angreife, überwältige und sich zum Meister der bekannten Welt mache, auf gut Alexandrisch, Zäsarisch oder Türkisch. Das möchte vielleicht angehen, wenn der Mönch, der das Büchsenpulver erfunden, jetzt erst hinter dieses kräftig-schädliche Geheimniss käme und gegen eine mit Diamanten besetzte Kutte dem Könige von Frankreich allein eröffnete. Alsdann sollte das Spiel nicht lange währen. Der Phalanx hätten die Macedonier, dem kurzen Schilde und einigen anderen Vortheilen die Römer alle ihre Siege zu danken. Auch der Schweden Siege hätten ihre Ursachen. Nachdem man aber jetzt mit gleichen Waffen und Vortheilen streite, sei keine Hoffnung, auf solche Weise zur Alleinherrschaft zu gelangen. Jetzt sei alles mit festgewurzelten Häusern in Europa zumal gleichsam besäet, welche sich nicht leicht ausrotten, ohne Ausrottung aber gar nicht unter das Joch mit Gewalt bringen liessen. Von Asien aber glaube er, dass, wenn der König von Frankreich Constantinopel und Cairo hätte, das ganze türkische Reich zugleich erobert sein würde. „Und wollte Gott", ruft er aus, „er suchte einen solchen Weg zur Monarchie! Dazu hat's aber zur Zeit noch ein schlechtes Ansehen."

Mit Gewalt also in Europa die Alleinherrschaft einzuführen, sei unmöglich. Bleibt also nichts übrig? Ja freilich gebe es noch eine, zwar etwas niedrigere doch sichere Staffel, woran sich ein grosser Herr, der nicht blos tapfer, sondern auch verständig, billig genügen lasse. Diese Monarchie könne man nicht besser nennen als Schiedsrichteramt. Dieses hatten die Römer unter ihren Bundesgenossen, den Königen von Bithynien, Syrien, Aegypten und anderen gehabt. Die Pforte bediene sich desselben theilweise wie in der Moldau oder Walachei. Die römische Curie habe auch nicht die fürstlichen Familien vertreiben, sondern die Streitigkeiten entscheiden, über die legitim herrschenden, über Erbfolge, Ehen richten wollen, der christlichen Waffen unter dem Mittel der Kreuzpredigten und mittelst des Ablasses Meister zu sein und anderer damit zusammenhängender Dinge sich angemasst. Also glaube er ebenmässig, dass auch die spanische Monarchie zu nichts anderem als einer solchen Leitung gemeint gewesen sei. Jetzt habe Spanien den Leuchter an Frankreich übergeben und das Aergste sei, dass Frankreich viel mehr Vortheile als Spanien habe, sich in den Besitz dieses Schiedsrichteramtes zu setzen.

Mag man diesen Betrachtungen im Einzelnen widersprechen, so viel bleibt unwiderleglich, dass gerade in den geschichtlich hervorragendsten Zeiten es einen Staat giebt, der zum Centrum aller Lebensbewegung wird. Mit unwiderstehlicher Anzugskraft fesselt er die übrigen Staaten an sich, beeinflusst ihre Geschicke. Jeder wahrhaften Nation scheint von der göttlichen Vorsehung wenigstens einmal diese Herrschaft gestattet zu werden. Wer wollte leugnen, dass damals Frankreich sie in Besitz nahm.

Um sie geltend zu machen, ist Frankreich, wie Leibniz meint, zweierlei nöthig, sich stärken und andere theilen. Und hierauf giebt er von der inneren Lage, den äusseren Beziehungen der verschiedenen europäischen Regierungen eine

Schilderung, welche durch Tiefe, Einsicht und Umsicht von dem höchsten Werthe und Interesse ist. Frankreich, lautet seine Folgerung, werde dadurch, dass es bald Geld spende, bald den Saamen der Zwietracht in den Ländern säe, Parteiinteressen begünstige, die Staaten wider einander aufbringe und Bündnisse eingehe, seinen Zweck erreichen.

Zuerst werde es sich gegen Holland wenden. Denn Holland sei dem Könige verhasst einmal als Republik, nicht minder aber, weil es als solche ein Zufluchtsort für die politischen Flüchtlinge sei, welche ihre Nachbarn nach Freiheit lüstern machen. Die Religion sei der Frankreichs entgegengesetzt und Letzteres dämpfe bei sich diejenige, welche Holland begünstige. Frankreich trachte, andere zu verwirren und sich gross zu machen; hingegen sei bei Holland nicht weniger Wachsamkeit und Eifer, sich dagegen zu setzen, alle andern aufzuwickeln, ihnen ihr wahres Interesse darzustellen, ihnen Vorschub zu leisten. Weil endlich Frankreich wie billig die Summe seiner Pläne auf den Handel gründe, Holland aber einzig und allein ihm den Rang streitig mache, so müsse Frankreich Holland zu schwächen suchen.

Es frage sich, ob es gegen das Frühjahr hin zwischen Frankreich und Holland zum Bruche kommen werde. Was dieses betreffe, so sei nicht ohne, dass Frankreich gegen Holland viele Vortheile, unter anderen diesen habe, dass Holland fast bei allen Königen und Fürsten schwarz und verhasst und Jedermann ihm eine kleine Schlappe gönne. Hingegen aber, wo Frankreich England nicht versichert erscheine, werde es zur Zeit nicht mit Holland brechen. Ja, wenn es nicht wüsste, dass England still sitzen würde, wäre es doch vielleicht nicht rathsam; denn er glaube nicht, dass Frankreich bereits jetzt seinen Kräften zur See trauen dürfe, zu Lande aber alle Jahre auf gut Spinolisch eine Festung nehmen sei eine schlechte Sache und spüre man den Nutzen erst alle hundert Jahre davon. Daher glaube er gänzlich, dass, wenn Holland von England nur des Stillsitzens versichert, es nicht besser thun als je eher je besser brechen könnte. Könnte aber England gar dahin beredet werden, mit einzutreten und den aufsteigenden Coloss zu untergraben, so wäre es unvergleichlich rathsamer. Und auf den Fall, weil in einer mehr als deutlichen Sache und nothwendigen Feindseligkeiten, alle Ceremonien nichts als Kinderspiel seien, wäre das Beste, unversehens und also zu brechen, dass Knall und Fall eins. Man solle sich eines französischen Hafens bemächtigen, Frankreich einen Dorn in den Fuss stechen, die Flüchtlinge zurückrufen, dem der nur Andere schrecken wolle zu Hause auch einen Schrecken einjagen. Indess scheine es, die Holländer hätten für dergleichen Dinge taube Ohren; sie wollten Frankreich gern andere Feinde erwecken, ruhig zusehen; sie möchten sich aber hüten, dass sie nicht eben mit dem Strick gefangen würden und die Zögerung zu spät bereueten. Denn Jedermann sehe auf sie und lasse sie anfangen, weil man wisse, dass sie einen Puff' aushalten könnten.

Fragt sich nun, was der Kaiser und die rechtsliebenden Stände thun wollten. Man solle innere Zwistigkeiten wie die kölnische Sache schnell beilegen, Holland mit Brandenburg in Einvernehmen bringen, im Nothfalle Schweden mit Brandenburg, Dänemark beschäftigen. Wäre dies geschehen, dann müsse man suchen, Holland wie England zum Bruche mit Frankreich zu bringen. England müsse vorgestellt werden, dass Frankreich binnen zehn Jahren ihnen beiden zu stark und unfehlbar überlegen sein werde, dessen unvollendete Versuche jetzt eines von beiden vermuthlich, beide gewisslich vernichten könnten. Was denn wohl auch nicht anders sei und ihnen gründlich sich demonstriren lasse. — Dann werde Frankreich wie eine Schnecke die Hörner einziehen und in's Haus kriechen müssen, dann werde ganz Europa, als wenn ihm eine Last vom Halse, aufathmen, vor allen andern das Reich. Und das wäre die gewünschte Zeit, die projektirte deutschgesinnte Allianz einzugehen. Man dürfe nicht sagen, sie sei unmöglich. Nein! Nein! Es werde nichts als Ernst und Nachdruck erfordert. Nur am Wollen liege es, doch nicht nur Eines, auch nicht Aller, sondern Vieler, welchen anheim zu geben, ob sie lieber einander nachgeben und zusammentreten oder einzeln durch ihren Eigenwillen und ihre Eigensucht zu Grunde gehen wollen mit ewiger Schande und Verfluchung ihrer Nachkommen. „Gott", so schliesst er, „in dessen Hand das Wollen und das Vollbringen, wird Alles also kehren, dass es doch nach vorhergehender Bestrafung der Verstörer und Hinderer gemeinen Bestens, einen so gerechten Ausgang haben wird als seiner Majestät und unerforschlichen Weisheit gemäss ist."

Es kostet etwas Selbstüberwindung, dass man in dem Auszuge aus diesen prächtigen Denkschriften sich beschränke. Glücklich, wenn man nur den Schattenriss gezeichnet. Welche Kraft und Anschaulichkeit der Sprache! Welch geschickter, immer den Dingen angemessener Wurf der Sätze bei der Fülle des Inhaltes. Wie kunstvoll und doch natürlich ist der ungeheuere Stoff, die Lage der Gegenwart, Bezüge aus der Vergangenheit, weltgeschichtliche und partikulare Ereignisse, Angaben über Völker und Regierungen, Sätze aus der Ethik und Politik, sociale und commercielle Fragen, in dem diamantenen Netze der logischen Entwicklung verknüpft. Alles hat Bedeutung an sich und doch schlägt überall die Beziehung zum Endzwecke durch. Adel der Gesinnung, treue Vaterlandsliebe durchwehen das Ganze. Der Geist empfindet ein seltenes Vergnügen, so wunderbar wohl muthet es ihn an. Es ist als ob man in einem grossen Park wandele, wo die Wege wohl gebahnt. Da prangt es von mächtigen Bäumen, von duftigem Gebüsch, von frischem Grün und sinnigen Blumen. Unaufhörlich schimmert zwischen den Stämmen, durch das Gezweige die Aussenwelt herein. Hier und dort eröffnen sich grosse Durchsichten hinaus in's weite Land, hinauf zum blauen

Himmel. In herzstärkenden Zügen schlürft der Mensch die reine kräftige, die Brust erweiternde Luft.

Welchen Eindruck machten nun jene Erörterungen über die öffentlichen Zustände und die Forderungen, die sich aus ihnen ergaben, auf die Kurfürsten? Die Grundgedanken der Denkschriften kommen in der marienburger Allianz zum Vorschein, welche Oktober 1671 geschlossen wurde. Neben Mainz und Trier standen Sachsen, Münster und der Kaiser. Die Nothwendigkeit, heisst's in dem Vertrage, den Langwierigkeiten und Schwierigkeiten beim Reichstage für die Abschliessung der allgemeinen Garantie oder die öffentliche Sicherstellung, habe sie, bis ein dem Vaterlande so nothwendiges Werk in vollkommenen Stand gebracht sein würde, veranlasst zur Aufrichtung einer Conföderation zur gegenseitigen Vertheidigung ihrer Staaten und zur Aufrechterhaltung des westphälischen Friedens.

Aber dieses Bündniss war schon im Keime todt. Stand doch der Kaiser, auf den das Meiste ankam, im geheimen Einverständniss mit König Ludwig; über den wichtigsten Punkt hatten sie sich seit 1667 geeinigt, über die eventuelle Theilung der spanischen Monarchie Verabredung getroffen.

Wovon man aber die Befestigung und das Gedeihen des Bundes abhängig gemacht, dass nämlich Holland sich aufraffen und Frankreich zuvorkommen, Frankreich eingeschüchtert und Deutschland von seinen Intriguen befreit würde, erfüllte sich nicht, wie man allmälig erkannte.

Die Mainzer Politik schien am Ende zu sein.

Wie konnte man aber ruhig bleiben gegenüber der drohenden Gefahr, welche in der Niederwerfung Hollands für Deutschland sich erhob! Die Vernichtung der Ruhe und Freiheit Deutschlands, Europas lag darin.

Da kehrten kühn die mainzer Staatsmänner den Gedanken, in dem ihre Politik sich beschloss, um.

Man wird sich des Ausspruchs erinnern, dass, wenn

Deutschland durch die projektirte Allianz befestigt und unüberwindlich gemacht, die Kriegslust ihrer Nachbarn, nach eines Stromes Art, der wider einen Berg treffe, auf eine andere Seite sich wende.

Jetzt wurde, eben damit Deutschland sicher gestellt würde, der Plan gefasst, die Macht Frankreichs nach einer anderen Seite, dem Oriente, zu wenden. Man versuchte ihm zur Ueberzeugung zu bringen, dass seine Interessen gründlicher als durch einen Angriff auf Holland, durch eine Unternehmung im Oriente gefördert würden. Die Verhältnisse Frankreichs zu demselben luden dazu ein. Betrachten wir diese.

Frankreich und die Pforte.

Die Geltung der französischen Flagge im Oriente, die Bedeutung des Levantehandels, die religiöse Schutzherrschaft dortselbst und die Rechnung auf ein Zusammengehen mit der Türkei bei kriegerischen Verwicklungen in Deutschland waren für Frankreich massgebend, die Freundschaft mit der Pforte zu pflegen.

Indess gelang es nicht so ganz sie ungetrübt zu erhalten. Die Vertreibung der Jesuiten aus Constantinopel (1628), deren Verbleiben die französische Gesandtschaft angelegentlich erstrebte, musste die letztere verletzen. Die Vertretung Englands, das allgemach zu grosser Achtung und tiefgehendem Einflusse beim Divan gelangt war, schürte nach Kräften. Das anmassende Gebahren des französischen Gesandten de Cesy (1620—31) wie seine persönlichen armseligen Verhältnisse, die ihn in die ärgerlichste Lage brachten, thaten seinem und seiner Regierung Ansehen grossen Abbruch. Sein Nachfolger, de Marcheville, gerieth wegen des mit dem Salut geforderten Ehrengeschenks gleich bei seiner Ankunft in heftigen Streit mit dem türkischen Grossadmiral. Dieser eröffnete gegen den Gesandten im Divan den erbittertsten Minenkrieg. Nach vielfältigen Misshelligkeiten wurde der Gesandte (1634) schliesslich gewaltsam auf ein bereit gehaltenes Schiff gebracht und zur Heimkehr gezwungen. Diese Spannung dauerte, unterhalten durch persönliche Gereiztheit zwischen den Vertretern beider Mächte und gesteigert durch allgemeine politische Ereignisse.

Ich denke diese persönlichen Beziehungen der beiderseitigen Minister haben zugleich eine Seite, die von allgemeiner Bedeutung ist; darum scheinen sie der Erwähnung werth.

Es war im Beginne der Regierung von Mahommed IV. (s. 1648), dass am Hofe die grösste Verwirrung herrschte. Frauen und Eunuchen besetzten die höchsten Posten. Fast jeder Monat brachte einen neuen Grosswesir. Nun herrschte der Brauch, dass unter anderen auch die Gesandten dem Neuernannten Besuch und Geschenke machten. Da wurde Mahommed Köprili ernannt (1656). Während die übrigen Gesandten sich beeilten, dem theuren Brauche nachzukommen, wollte der französische, de la Haye, angesichts des beständigen Wechsels und um nicht fruchtlosen Aufwand zu machen, erst sehen, ob der ernannte Minister sich halten werde. Hiervon endlich überzeugt holte er nach, was zu thun übrig war. Aber Köprili hatte die Verzögerung, in der er Geringschätzung sah, sehr übel genommen. Trotz Besuchs und Geschenke sann er darauf, sich zu rächen. Man hat geglaubt sagen zu dürfen, das sei in Wahrheit der Ursprung der schlechten Beziehungen zwischen Frankreich und der Pforte, welche sowol während der Amtszeit dieses Köprili wie seines Sohnes Ahmed, der ihm in der Würde folgte, unaufhörlich sich zeigten.[1]

Bald sollte sich dem Wesir eine Gelegenheit darbieten, seine Missstimmung zu bethätigen. Der Krieg um Candia war ausgebrochen. Man wollte im Divan wissen, dass der französische Gesandte zu Constantinopel mit Venedig in geheimer Verbindung stände. Ein Franzose, Namens Vertament, der eine ansehnliche Stellung unter den venetianischen Truppen auf Candia eingenommen, kam (1659) mit einem Packet chiffrirter Briefe, das ihm der venetianische Generalcapitain

---

[1] Dazu und zum Folgenden vergl. Journal du voyage du Chevalier Chardinen Perse et aux Indes Orientales par la Mer Noire et par la Colchide. I. partie quie contient le voyage de Paris à Ispahan. Londres 1686.

für Herrn de la Haye mitgegeben, in Constantinopel an. Derselbe ging jedoch um sein Glück zu machen, anstatt zum französischen Gesandten, geradewegs zum Kaimakan; demselben eröffnete er, dass er das Lager der Christen verlassen habe, um Moslime zu werden; zuletzt, dass er ein Packet wichtiger Briefschaften an den Grosswesir zu übergeben habe. Nach Adrianopel gebracht, wo sich der Hof zur Zeit befand, machte der Renegat dem Grosswesir Anzeige von der geheimen Correspondenz zwischen der Republik und dem Gesandten Frankreichs; als Beweis übergab er ihm die Briefe.

Köprili wurde durch diese Mittheilungen auf das Höchste über Herrn de la Haye erzürnt. Dieser, der die ganze Sache erfahren, das heftige Naturel und den alten Groll des Minister kannte, musste das Aeusserste befürchten. Er besprach sich sofort mit seinem Gesandtschaftspersonal. Derjenige, welcher die Depeschen zu entziffern pflegte, gerieth, da er sich erinnerte, wie der Grosswesir ebenfalls in der Sache von chiffrirten Depeschen, die aufgefangen worden, einen Interpreten der Venetianer, hatte todt prügeln lassen, in den heftigsten Schrecken, er bekannte, dass, sobald er den Stock fühlen würde, es Nichts geben würde, das er nicht gestände. Er wollte fliehen oder sich verbergen. Herr de la Haye verbarg ihn. Der Wesir berief den Gesandten nach Constantinopel. Es war ihm sehr daran gelegen, den Inhalt der Depeschen zu erfahren. Niemand von den Renegaten wie den ottomanischen Dolmetschern hatte sie entziffern können. Herr de la Haye, der eben krank darniederlag, musste seinen Sohn schicken. Dieser wurde in einen Mauerthurm von Adrianopel geworfen. Da raffte sich der Gesandte auf und begab sich nach Adrianopel. Sogleich wurden ihm die Depeschen zum Lesen vorgelegt. Er erwiederte, dass sein Secretair, der sich hierauf verstehe, schon seit sechs Monaten in Frankreich sei. Doch wolle er versuchen, ob er sie lesen könne und komme er damit zu Ende, den Inhalt mittheilen: der Wesir möge ihm die

Depeschen nur mit in seine Wohnung geben. Dieser lächelte über den Vorschlag; schweigend erhob er sich. Nach wenigen Tagen reiste er ab in's Feld nach Siebenbürgen. Der Gesandte musste die Gefangenschaft seines Sohnes theilen. Erst nach Beendigung des Krieges und der Rückkehr des siegreichen Köprili, wurden jene freigelassen. Als Cardinal Mazarin von diesen Ereignissen Kunde erhielt, schickte er sogleich, da er besonders wegen des Levantehandels Beilegung des Streites wünschte, den gewandten Blondel von Berlin nach Constantinopel zur Vermittelung. Genugthuung freilich sollte derselbe energisch fordern. Dieser verstand es, sich mit dem Grosswesir in gutes Einvernehmen zu setzen. Das Resultat der Verhandlungen war, dass als Blondel behauptete, die Pforte habe höchstens die Abberufung des Gesandten fordern dürfen, der Pforteminister meinte, Herr de la Haye mag gehen, wir wollen nichts mehr mit ihm zu schaffen haben. Derselbe wurde abberufen und einem französischen Kaufmanne die Geschäfte eines Residenten übertragen. Dieser Art war die Vertretung Frankreichs bis zum Jahre 1665.

Ludwig XIV. suchte inzwischen theils wegen der erlittenen Unbill, theils um die Pforte, die ihn doch fürchtete, für die Erneuerung der Capitulation gefüge zu machen, ihr durch Unterstützung ihrer Feinde zu schaden. Darum auch schickte er dem Kaiser Hülfstruppen nach Ungarn; darum verstand er sich wenigstens zu einer geheimen Subsidienzahlung an die Venetianer, während diese Candia vertheidigten, ebenso erlaubte er ihnen, Werbungen in Frankreich anzustellen. Mehr that er nicht trotz inständiger Bitten.[1])

---

1) Valiero pg. 529. 612. Que il Rè operara assai laute die Antwort an den Vertreter der Republik 1664. Benche indirettamente à favore della medesima (der Republik) perche i soccorsi d'Ungheria chiamavano colà maggiori le forze degli Ottomani e l'impresa di Barberia haverebbe posta una nuova confusione in quell' Imperio, mentre à poco à poco il Rè si sarebbe impegnato in un' aperta rottura. — Lionne sagt 1666, der König könne nichts thun: perche la guerra d'Inghilterra divertiva

Doch es war genug, um den Divan zu erzürnen. Dazu kamen die Händel auf der africanischen Küste. Auf der Grenzscheide zwischen Tunis und Algier lag die alte Faktorei der Kaufleute von Marsei, genannt Bastion von Frankreich. Colbert, beseelt von dem Wunsche, daneben eine dauernde Niederlassung zu gründen zur Förderung des französischen Handels wie zur Wahrung der französischen Flagge gegenüber den Corsaren, veranlasste im Jahre 1664 eine Expedition gegen den Küstenort Dschidschelli, der einen trefflichen Hafen hatte. Der Herzog von Beaufort erschien mit einem Geschwader; er warf 6000 Mann in den Platz. Sogleich wurden Festungswerke angelegt. Allein ein starkes maurisches Armeecorps überfiel den Ort. Die Franzosen wurden niedergemetzelt oder zu Sclaven gemacht. Das Unternehmen misslang so vollständig. Aber die Pforte beklagte sich: sie habe nichts gegen die Züchtigung des Korsaren, allein jene Küste sei Eigenthum des Grossherrn. Sogleich liess sie ihre Ungunst fühlen durch einen Handelsvertrag mit Genua, welcher der mit Frankreich geschlossenen Capitulation Eintrag that. Schon im Jahre 1645 hatten die Genueser Verhandlungen eingeleitet und da ihr Absehen darauf ging, sich in die Handelsbeziehungen zu setzen, welche Venedig einst gehabt, so unterstützte sie der Cardinal. Die Ziele der französischen Politik waren damals zugleich auf ganz andere Dinge gerichtet als den Levantehandel. Doch die Bemühungen waren erfolglos. Im Jahre 1664 nahm Genua einen neuen Anlauf. Jetzt erhielt der französische Gesandte Befehl, einem solchen Vertrage mit Berufung auf Frankreichs verbürgte Rechte sich zu widersetzen. Aber

---

troppo le forze del Regno e particolarmente le necessarie per soccorrer Candia, che erano le maritime, impiegato et trattenuto nell' Oceano. Val. 645. Dann 1667: Lasciandosi intendere il Signor di Liona che si fosse seguita la pace (con gli Spagnuoli) si sarebbe pensato a qualche cosa di grande. Ib. 673. — Nach d. Aachner Frieden: Nella Francia i Ministri dicevano d'haver un grand' ostacolo que era il ricco commercio que tenevano in Levante ib. 690. —

Köprili wies seine Einmischung zurück. Der Vertrag wurde ratificirt und Herrn de la Haye angedeutet, dass die Pforte offen stehe zum Gehen wie zum Kommen.

Es war der neue Gesandte der Sohn des früheren. Die Spannung der beiden Mächte war so gross geworden, dass sie entweder mit einander brechen oder sich zu nähern suchen mussten. Der Gedanke an den Levante-Handel bewog Ludwig, einen Gesandten nach Constantinopel zu schicken, Herrn de la Haye Sohn. Dieser war November 1665 mit grossem Prunke in Constantinopel eingezogen. In der ersten Audienz erfuhr er vom Wesir grosse Geringschätzung. Sitzend empfing dieser ihn, machte ihm in herben Ausdrücken Vorwürfe über die Hülfeleistung der Franzosen in Ungarn, auf Candia, über die Unternehmung von Dschidschelli. Der Gesandte fasste sich; denn er erwartete freundliche Worte zum Abschiede. Doch das Ende entsprach dem Anfange.

Der Gesandte, empört über die Behandlung, verlangte nachdem eine zweite Audienz, wo der Minister stehend und ohne Vorwürfe ihn empfangen sollte. Köprili erklärte sich zu einer zweiten Audienz bereit. Er wolle den Gesandten aufnehmen, wie's recht sei. Dieser, der die Zweideutigkeit der Antwort nicht verstanden, gerieth, als er in gleicher Weise empfangen wurde, ausser sich über den ihm angethanen Schimpf. Er sagte dem Wesir, dass er gekommen sei, die alte Freundschaft zwischen den beiden Mächten zu befestigen; falls ihm die der Würde seines Herrn entsprechende Behandlung nicht zu Theil werde, so habe er Befehl die Capitulation zurückzugeben und sich nach Frankreich einzuschiffen. Beleidigungen waren die Antwort. Da nahm der Gesandte die Capitulation und warf sie dem Wesir zu Füssen. Kaum hatte er dies gethan, so stiess ihn einer der Diener des Wesir von seinem Sitze. Herr de la Haye griff' nach seinem Degen und eilte der Thür zu. Ein Tschausch lief ihm nach, versetzte ihm einen derben Backenstreich und liess ihn im Vorzimmer verhaften. Erst nach drei Tagen wurde dem Gesandten die Freiheit zurückgegeben. Diese Barbarismen diplomatischer Sprachen gebrauchte die Pforte damals nicht selten. Jahrhunderte lang war die Gesandtschaft bei ihr für Männer von Ehre der qualvollste Posten. Nach Erfolgen in den Waffen wurde die Pforte roh gegen die nur zu oft von ihren Regierungen preisgegebenen Gesandten.

Eifrig wurde zwischen beiden Ministern verhandelt. Der Wesir liess dem Gesandten wissen, dass er sein Kleid küssen solle, dann werde er stehend ihn empfangen und wie den kaiserlichen Gesandten behandeln. De la Haye wollte als Vertreter des grossen Kaisers von Frankreich sich nicht danach richten, obschon er darauf aufmerksam gemacht wurde, dass der Kaiser doch Kaiser über sieben Könige sei. Endlich wurde so paktirt, dass die dritte als die erste Audienz angesehen wurde. Lächelnd meinte der Wesir, als diese Januar 1666 stattfand: „Das was vorbei ist, ist vorbei: künftig wollen wir gute Freunde sein" und reichte dem Gesandten die Hand. Nun galt es die Verhandlungen zu beginnen. Der Auftrag des Gesandten ging auf Erneuerung der Capitulation und Erwirkung der Freiheit, über das rothe Meer Handel nach Indien zu treiben. Unverrichteter Sache musste der Gesandte nach Constantinopel zurückkehren. Die Provençalen, deren Handel nach der Levante ging, klagten unaufhörlich bei dem Könige; sie massen de la Haye alle Schuld bei. So lange dieser Botschafter sei, könne weder die Erneuerung der Capitulation noch die Eröffnung des rothen Meeres erlangt werden. Es wurde beschlossen, einen neuen Gesandten abzuordnen. Es ward dies Herr von Nointel, ein Mann von Ehrenhaftigkeit und Kenntniss, aber von zu weicher Natur. Derselbe, welcher angewiesen worden, seine Angelegenheit nur im versammelten Divan und vor dem Grossherrn vorzutragen, weil Köprili von Rachsucht sich habe leiten lassen, bat bald um Audienz. Sie wurde ihm gewährt, aber gleichzeitig die Forderung gestellt, dass er seine Wünsche zuvor schriftlich formulire und dem Divan bekannt gebe. Das geschah nach altem Herkommen. Der Gesandte verfasste eine Denkschrift. In ungefähr dreissig Artikeln legte er seine Forderungen nieder. Die hauptsächlichsten waren etwa diese: Zuerst wurde verlangt, dass die Pforte, ausgenommen die schon durch Vertrag berechtigten, alle Nationen Europa's nur unter französischer Flagge zuliesse; insbesondere sollten die Italiener mit Ausnahme der Venetianer und Genuesen gehalten sein, die Flagge Frankreichs und den Schutz seines Gesandten anzunehmen. Zum Anderen sollen die Franzosen gleich den Engländern, Genuesen, Holländern nur Drei vom Hundert Eingangszoll zahlen. Weiter gestehe der Grossherr den Franzosen die Freiheit zu, Handel nach Indien sowohl durch seine Länder als über das rothe Meer zu treiben. Viertens giebt der Grossherr den römisch-katholischen Mönchen Palästinas die heiligen Orte zurück, aus welchen sie 1638 vertrieben worden. Weiter wird der Herrscher von Frankreich bei der Pforte als einziger Schutzherr der Christen anerkannt. Alle Christen des lateinischen Ritus, welche im ottomanischen Reiche leben, werden betrachtet und behandelt als unter dem Schutze Frankreichs befindlich. Endlich sollen die römischen Christen Kirchen ausbessern wie aufbauen können, so oft es nöthig, ohne dass sie Erlaubniss dazu einzuholen brauchen. Die übrigen Forderungen machte schon ihre Zahl bedeutend. Die Pforte fand sie übertrieben, ja lächerlich. Die Minister glaubten oder stellten sich als ob sie glaubten, dass ein Vorwand gesucht werde, um mit der Pforte zu brechen. Der Grosswesir wollte die Briefe des Königs von Frankreich sehen, worin jene Forderungen enthalten seien: er könne nicht glauben, dass Se. Majestät so Unbilliges verlange. Der Gesandte berief sich auf seine Creditive. Es half nichts; er musste versprechen, binnen sechs Monaten einen königlichen Brief, worin jene Punkte sich fänden, zu beschaffen. Ende

Februar 1671 gab Herr de Nointel dies Wort. Alsbald hatte er eine Audienz beim Grosswesir, der ihm kalt begegnete. Der Gesandte fühlte sich bewogen, sich über die Grösse und Macht seines Souverains zu verbreiten. „Ja", war die Antwort, „der Kaiser von Frankreich ist ein grosser Herr, aber sein Degen ist noch neu!" Der Gesandte betonte das Alterthum der Allianz zwischen beiden Staaten und wie die Franzosen die wahren Freunde der Türken seien. „Die Franzosen sind unsere Freunde", erwiederte Köprili, „aber wir sehen sie immer bei unsern Feinden." Schliesslich bemerkte der Gesandte, dass er Befehl vom Kaiser seinen Herrn habe die Angelegenheit bezüglich des rothen Meeres kräftigst zu empfehlen; Sr. Majestät liege sie ausserordentlich am Herzen. „Ist's möglich", sagte trocken der Grosswesir, „dass ein so grosser Kaiser wie ihr sagt, dass der eurige sei, eine Sache von Kaufleuten sich so stark zu Herzen nimmt?" Ebenso ungünstig verlief eine Audienz beim Grossherrn. Der Gesandte berichtete nach Paris. Hier zog man endlich in Erwägung, ob man mit der Pforte brechen oder aber eine so unvernünftige Behandlung übersehen solle.

Der Präsident von Aix erhielt Befehl, alle levantischen Handelsleute und andere mit den türkischen Verhältnissen vertraute Männer in Marseille zu versammeln und ihr Urtheil entgegen zu nehmen über einige Punkte, welche mehrfach im Staatsrathe ausgesprochen worden: dass Frankreich nämlich mehrere Jahre lang sich des Levantehandels begeben könnte und dass es leicht wäre, den Türken zu Meere so viel Schaden zuzufügen, dass der Grossherr gezwungen würde dem Könige die erbetenen Zugeständnisse zu machen. Der nach Mehrheit der Stimmen gefasste Ausspruch der Versammlung war, dass diese Vorschläge begründet seien. In der Provence gebe es so viel Waare, dass Frankreich damit zehn Jahre lang versorgt werden könne. Der König möge nur Kriegsschiffe in's griechische Meer, insbesondere an die Dardanellen schicken; bald werde die Hungersnoth in Constantinopel und eine Empörung zu Gunsten der Franzosen ausbrechen. Die Provençalen zweifelten nicht, dass nunmehr der Krieg entbrennen würde. Sie schrieben es überall hin in die Levante, was zu Marseille sich begeben und dass der König funfzig Schiffe gegen die Türken ausrüste. Diese Nachrichten verbreiteten sich blitzschnell in Constantinopel, Adrianopel und allen Häfen der Levante. Herr de Nointel erhielt gleiche Nachricht. Der Wesir liess bei den übrigen Gesandten Umfrage halten, ob es wahr sei, dass der König von Frankreich Krieg mit der Pforte führen wolle und rüste. Sie antworteten ihm, letzteres sei wohl wahr, aber man sage allgemein, dass die Rüstungen den Holländern gälten und sie glaubten dasselbe. Er beruhigte sich bald. Am 1. September schrieb er dem Gesandten, die sechs Monate seien verstrichen, ob der Brief vom Könige von Frankreich angekommen sei. Der Gesandte liess mündlich durch den Briefbesteller melden, dass die Antwort des Kaisers von Frankreich noch nicht eingetroffen; das sei Alles, was er mittheilen könne; er sei nicht Willens einen Brief zu beantworten, der seinem Herrn nicht die Titel gebe, die Sr. kaiserlichen Majestät gebührten. Während dessen war man zu Paris schlüssig geworden. Allerdings nicht im Sinne der Provençalen. Ludwig, wie Chardin bemerkt, gedachte in Bälde den Holländern den Krieg zu erklären; er wollte nicht den gegen die Türken unternehmen, wo er einen guten Theil seiner Flotte hätte gebrauchen müssen. Er beschloss, zu temporisiren und noch einen Versuch zu machen, die Sache gütlich beizulegen. Der Minister Lionne schrieb dem Grosswesir, dass der Kaiser von Frankreich wegen des Verhaltens der Pforte seinem Gesandten befehle zurückzukehren.[1])

---

1) S. Mémoires du Chevalier d'Arvieux tom IV. p. 300.

Der Vorschlag.

Schon seit Jahren waren Leibniz's Gedanken auf Aegypten gerichtet gewesen. Sobald dieses Land in seinen Gesichtskreis trat, fesselte der Zauber, der mit dem Namen Aegypten sich verband, der geheimnissvolle Schimmer, worin das Land der alten Pharaonen, der Weisheit Ursitz[1]) in Sage und Geschichte erschien, den für alles Grossartige empfänglichen, nach den tiefsten Tiefen der Erkenntniss schürfenden Geist. Allein sich von dem Reize neu eröffneter Speculationen gefangen nehmen zu lassen, sich in dem Reiche der Gedanken zu verlieren, lag nicht in Leibniz's Art. Welch' weiten und hohen Flug er im Reiche der Wissenschaft auch nahm: wollte er der Wirklichkeit doch nimmer vergessen. Die wissenschaftliche Forschung und das Leben sollten in unaufhörlicher Wechselwirkung stehen. Von diesem Gesichtspunkt liess er sich auch hier leiten. Die Bedeutung, welche in den grossen Reichen, im macedonischen, im römischen, im osmanischen, Aegypten behauptet, die ungemeine Fruchtbarkeit seines Bodens, seine Lage am Kreuzwege dreier Erdtheile verwiesen ihn auf eine Combination, in welcher dieses Land wieder zur wahrhaften Geltung käme. Diese war gefunden mit einem Blicke auf die territoriale Lage, die damalige Macht, die wesentlichen Interessen Frankreichs.

Sie war ihm nach seinem eignen Bekenntniss gekommen in seinem zwanzigsten Jahre. „Da ich", sagt er, „so oft ich etwas Neues lerne, mit beständigem Nachdenken sogleich erwäge, ob nicht etwas für das Leben daraus geschöpft werden könne — welcher Methode ich auch andere nicht verächtliche Dinge verdanke — und bei jeder Gattung von

---

1) Der Gedanke, in Aegypten auch wissenschaftliche Eroberungen zu machen, liegt L. fern. Dagegen s. Correspondance de Napoléon I. publiée par Ordre de l'Empereur Napoléon III. tom IV. No. 3083: Arrêté, portant création de l'Institut d'Egypte.

Gegenständen und Beschaffenheiten dasjenige zu erforschen pflege, was unter allem Uebrigen das Höchste ist und welches alles Uebrige entweder nach sich zieht oder ersetzt, so beschäftigte ich mich in demselben Sinne als junger Mensch mit der Geschichte und Geographie und erkannte endlich, dass es gegenwärtig keinen mächtigeren Mann gebe als den König von Frankreich und, wenn er zugleich weise, keinen zur Unternehmung der grössten Dinge befähigteren; dagegen sei auf der ganzen bekannten Erde kein Land würdiger, erobert zu werden und, sobald es erobert, einflussreicher für die Weltherrschaft als Aegypten, welches ich das Holland des Orientes wie hingegen Frankreich das China des Occidentes zu nennen pflege. Diesen Mann und diese Gegend, d. i. den König von Frankreich und Aegypten mit einander zu vermählen, dachte ich im Interesse des menschlichen Geschlechtes und der christlichen Religion."

Man begreift jetzt leicht, wie die Befürchtung allgemeinen Elendes, welches aus einem Kriege zwischen Frankreich und Holland unausbleiblich zu erwachsen schien, auf der anderen Seite die Kenntniss, welche Leibniz von den schlechten Beziehungen zwischen Frankreich und der Pforte hatte, denselben ermuthigen musste, Ludwig XIV. einen Plan vorzulegen, welcher die Welt vom drohenden Unglücke befreite, dagegen Ludwig die grossartigsten Vortheile in Aussicht stellte.

Dem ersten Versuche, welcher zur Uebermittelung des Vorschlages gemacht wurde, begegnen wir in einem Briefe, welchen Leibniz September 1671 an Johann Friedrich, Herzog von Braunschweig-Lüneburg richtete. Diesem war er früher schon wohl empfohlen, bei Gelegenheit einer Reise des Herzogs, wo derselbe nach Mainz geführt worden, auch vorgestellt. In jenem Briefe gelangt er nach einem ausführlichen Berichte über die Richtung und Erfolge seiner Studien schliesslich auf sein politisches Projekt. „Es sei gewiss", schreibt er, „dass die französischen Armaturen endlich ausbrechen, dass, wenn sie in Europa ausbrechen, ein allgemeiner Krieg und jämmerlicher Ruin vieler hunderttausend Menschen zu besorgen, dass alle, nicht allein katholische, Christen, deren Verwendung in der Levante wünschen. Er nun habe durch fleissiges Lesen und Erwägen der glaubwürdigsten Reiseberichte einen solchen Vorschlag gefunden, dass er kühnlich behaupte, nächst dem Steine der Weisen könne dem Könige von Frankreich nichts Bedeutenderes vorgetragen werden. Er habe allein Herrn von Boyneburg in's Vertrauen gezogen und dieser habe seinen Plan gebilligt und ihn angetrieben, darüber eine Denkschrift zu verfassen. Das wolle er thun und getraue er sich diesen Plan auch bei der schärfsten Erörterung der raffinirtesten Staatsmänner zu halten."

Alsbald ging Leibniz an die Ausarbeitung einer Denkschrift, von welcher eben die Rede war.[1]) Sie ist verfasst mit Berücksichtigung eines Krieges von Seiten Frankreichs gegen Holland und bestimmt für Ludwig XIV. Verglichen mit der grossen, im nächsten Jahre aufgesetzten Denkschrift, zeigt sie eine bedeutende Kürze, aber schon alle Momente, welche dort eingehend entwickelt werden. Der Zusammenhang des Projectes mit den Ideen, welche in den dem Kurfürsten 1670 vorgetragenen Bedenken niedergelegt sind, lässt sich nicht verkennen. Die eigentliche Darstellung des Planes beginnt nämlich mit der grundlegenden Bemerkung über das Interesse Frankreichs. Das liege nicht in einer unter den Christen aufzurichtenden Universalmonarchie, sondern in der allgemeinen Leitung, dem Schiedsrichteramte. Mit Waffengewalt die gebildeten, kriegerischen und freiheitsliebenden Völkerschaften Europa's unterwerfen zu wollen, wäre frevelhaft, wäre unsinnig. Ein König, der Grosses anstrebe, wie der Allerchristlichste, dürfe also nicht den Versuch machen, jenen Weg zu beschreiten. Nur in Frieden müsse sein Haus

---

1) Regi Christianissimo.

dort seine Macht ausbreiten, durch Wahlerfolge, Heirathen, Erbfolge, worin das Haus Habsburg nachzuahmen die Bourbonen ja einen glücklichen Anfang gemacht hätten. Der den Christen erlaubte Krieg werde in friedlichen Künsten, in Gewerbe und Handel geführt. Die Waffen müsse man gegen die Barbaren wenden.

Er habe die Gewissheit, dass durch einen glücklichen Schlag, wofür die Natur der Franzosen angelegt — wobei aus einem Miserfolge nicht Schande noch Gefahr erwachse — Reiche aufgerichtet und vernichtet würden: dass dabei unglaublicher Ruhm und Stoff zur Erwerbung der höchsten Macht zu gewinnen, dass bei allgemeinem Beifall Hinderung von Seiten Neidischer, selbst wenn sie die Macht dazu hätten, nicht zu besorgen, dass der allerchristlichste König der Christen Herzog, Frankreich die Kriegsschule Europas, der Sammelplatz aller ausgezeichneten Geister werden, dass der König den Stapelplatz des Oceans und mittelländischen Meeres, die Titel und Rechte eines oströmischen Kaisers, das internationale Schiedsrichteramt erlangen würde. Und nun verweist Leibniz auf Aegypten. „Aegypten" ruft er aus, „ist die Brücke zwischen Asien und Africa, der Isthmus zwischen dem mittelländischen und indischen Meere, die Kornkammer des Morgenlandes, der gemeinsame Stapelplatz für den Handel zwischen Indien und Europa."

Nicht minder hebt er die religiöse Bedeutung dieses Landes hervor. War dasselbe doch Sitz, vorzügliche Pflanzstätte des Islam[1]) — wie es dies vordem gewesen und nachdem geblieben ist bis auf den heutigen Tag. — Die Eroberung Aegyptens durch die Christen schien Leibniz die herrlichsten

---

1) Regi Chr. p. 83: Aegyptus, asylum perfidiae Mahometicae. — Cons. Aeg. p. 18: Certum est omissam Aegyptum solam fuisse caussam terrae a Christianis rursus amissae et Mahometanismi in orbe conservati, qui in eo erat, ut extingueretur. — Aegyptus Mahometanismi cor. —

Siege der christlichen Religion im Gefolge zu haben. Welch' erhabene Aufgabe für den allerchristlichsten König.[1])

Leibniz ist nun der Meinung, dass eine französische Flotte leicht die ägyptische Küste besetzen könne. Die Türkei sei schwach zur See, zu Lande aber Aegypten von Constantinopel her Hülfe zu schicken werde wegen der zwischenliegenden Wüsten ungemeine Schwierigkeiten haben. Die ägyptische Heeresmacht mehr im Handel als in den Waffen erfahren, mehr glänzend als kräftig, entbehre der Widerstandsfähigkeit. Dagegen sei das Volk nicht nur in Aegypten, sondern im ganzen Oriente zu Empörungen geneigt: es bedürfe nur eines leichten Anstosses und eines Stützpunktes. — Die Küstenbefestigungen von Damiette und Alexandrien, nach alter Weise gebaut, vermöchten der modernen Kriegskunst gegenüber keinen Widerstand zu leisten: höchstens sei dies im Innern, von Kairo, zu erwarten. Die Hauptsache bleibe, dass man das Meer beherrsche, dann habe dies Hinderniss nichts zu besagen. Die Araber auf der einen, die Numidier auf der anderen Seite seien mit den Türken verfeindet, für Jedermann käuflich.

Scheitere der Plan, was nach menschlicher Berechnung nicht zu befürchten, so habe es keine Gefahr. Die Türken könnten Frankreich nicht schaden: durch Beleidigungen seien sie schon genugsam gereizt worden. Und wende man ein,

---

1) Just. dissert. p. 414: Non Aegyptus, non Palaestina, non Euphrates Christi regnantis, ut olim Romanae potentiae termini erunt, sed in extremos gentium Japanes et cultissimas (si veram fidem excipias) ad Europae dedecus usque Sinarum terras et incognita Australium litora et rerum humanarum limites feret Francia ex Aegypto omnium Salvatorem. Eadem expeditio et Europam terrore et Franciam invidia et Christianitatem hactenus se lacerantem exprobratione orbis scandaloque tot saeculorum et Christianos Orientales infidelium jugo et mundum barbarie et genus humanum caecitate et Regem reddendis coram Rege Regum datae coelitus potentiae et animi dotium rationibus et Ludovicum suscepti velut ipso nomine voti obligatione liberabit. Neque peccatorum expiatio acrior neque damnorum aut se aut majoribus Ecclesiae aut Reipublicae unquam datorum reparatio plenior neque meritorum magnitudo uberior mente concipi potest.

dass Frankreich an seinen Grenzen sich Angriffen blossgebe, so müsse erwidert werden, dass es kräftig genug bleibe, einen Vertheidigungskampf auszuhalten. Werde geschickt verfahren, so könne selbst Oestreichs Bundesgenossenschaft erreicht werden. Die Mittel und Wege der Ausführung seien sicher, obschon sie in einer kurzen Schrift nicht hinreichend klar auseinander gesetzt werden könnten. „Von den gegenwärtigen politischen Zielen Ew. Majestät weicht der Plan nicht im geringsten ab. Der Krieg ist dem holländischen sehr ähnlich, die Beschaffenheit der Gegend ist fast dieselbe, die ganze für den holländischen Krieg bestimmte Ausrüstung kann dahin gewendet werden. Allerdings ist Aegypten entfernter als Holland, aber dagegen ist dieses zur See gerüstet, auf der Ueberfahrt nach Aegypten keine Gefahr, kein Feind zu befürchten. Gegen die Meinung, als ob es schädlich und schwierig sei, ein Heer auf Schiffen überzusetzen, zeugen Beispiele und Vernunft, da die Soldaten auf Schiffen in Zucht und Disciplin aufs Schärfste gehalten und zu einer geregelten und gesunden Lebensweise gebracht werden können. Uebrigens ist Holland befestigt, Aegypten fast bloss. Gewiss würden Alexandrien und Damiette eher als Mastricht und der Haag, Kairo schneller als Amsterdam genommen werden. Ein Krieg gegen Holland muss ohne gewisse Bundesgenossen geführt werden, es sei denn, dass der König solche mit seinem Gelde ausrüste, aber wider die Türken werden Bundesgenossen sich stellen. Vom Papste, den Fürsten Italiens, von Sicilien und den übrigen am Mittelmeere gelegenen Gebieten der Spanier sei es an sich gewiss, vom Kaiser und von Polen, wenn man sie künstlich hineinziehe. Die Portugiesen am rothen Meere werden von der anderen Seite her uns unterstützen: denn ihnen wird daran gelegen sein, Frankreich von Aegypten her gegen die Holländer in Indien zur Seite zu haben."

„Die Meinung der Einsichtigen geht dahin, dass der holländische Krieg, obschon höchst glücklich ausfallend, doch zur

Weltherrschaft wenig Vorschub leisten, im Gegentheil die Ausführung der alten Plane rückgängig machen werde. Denn wahrscheinlich würden die mit so viel Kosten eingerichteten indischen Compagnien, die Colonien, von den Holländern ruinirt, was mit langjähriger Arbeit zur Entwicklung des französischen Handels gethan worden, vereitelt werden: ein Umstand, der nicht nur die Gemüther einschüchtern, auf viele Jahre hinaus an einem Aufschwunge des französischen Handels verzweifeln lässt, sondern auch die Unterthanen in Zukunft zum Zahlen sehr schwierig und, werden sie gezwungen, zu Aufständen geneigt machen wird, indem sie sehen, dass der König hartnäckig an seinen Plänen festhält, ihre Ausgaben dagegen vergeblich sind. Ohne Zweifel wird Frankreich im Frieden so in Europa wachsen, dass es die Nachbarn schwächt: es nimmt jährlich mehr ein als es ausgiebt."

„Durch die Ruhe von einigen Jahren wird der französische Handel befestigt, die friedliche Besitznahme der Seemacht kann, wenn einmal wirklich vollzogen, kaum von dem verschworenen Europa, ja dem Erdkreise, wenn Aegypten gewonnen, rückgängig gemacht werden. Ein Baum, der hin und her gezaust wird, wurzelt nicht leicht ein. Die Anfänge einer Sache bedürfen mehrjähriger Ruhe; wie das von den Türken bekannt ist, dass sie nach Eroberung eines Gebietes sogleich Frieden machen, um dasselbe in Ruhe ordnen zu können. Aus diesem Grunde behauptet man wohl, dass der König den Holländern keine grössere Wohlthat erzeigen könne als wenn er sie frühzeitig angreife."

„Der Kampf der Holländer ist zu Lande defensiv, zur See offensiv. Der Ausgang von Seeschlachten lässt sich nicht bestimmen, aber gewiss vermag Holland eine Niederlage leichter zu ertragen als Frankreich; das holländische Seewesen ist fest gegründet, das französische im Werden. Im Uebrigen ist die Ausdehnung der holländischen Küste gering, die französische Küste langgestreckt. Der Republik Kraft liegt schliesslich im Credit, des Königs im Ansehen: wie, wenn er eine Niederlage erlitte?"

„Aus dieser ganzen Zusammenstellung erhelle, dass Frankreich durch einen Sieg wenig gewinnen, durch eine Niederlage viel verlieren werde: der glückliche Ausgang nütze wenig zur Weltherrschaft, der weniger glückliche oder unentschiedene werde seinem Ansehen und allgemeinem Einflusse den höchsten Abbruch thun."

„Dagegen glückt der ägyptische Krieg, so wird die Macht zur See, der Levantchandel, die Herrschaft der Christen, der Sturz des türkischen Reiches für Frankreich sich ergeben, nicht weniger die Oberleitung der christlichen Angelegenheiten, die Ehre und der Name eines orientalischen Kaisers; missglückt er, so hat Frankreich für seine Macht und sein Ansehen nicht mehr Schaden als durch den Verlust von Dschidschelli (Gigeri) oder die vergebliche Hülfsleistung auf Candia. Vorzüglich auch wird das Misslingen eines so heiligen, allgemein gebilligten Unternehmens nicht das Volk mit Indignation erfüllen. Von der Türkei sei höchstens eine doppelte Schädigung zu befürchten: Gefahr für die Franzosen und den französischen Handel in der Levante und eine Entfremdung derselben, so dass sie aufhöre für Frankreich das Mittel zu sein, um Oestreich zu beschäftigen. Doch der französische Handel sei dort schon ruinirt und fürchte man ein Wüthen der Türken gegen die Christen, so könne zuerst geantwortet werden, dass in dergleichen Dingen Opfer gebracht werden müssen. Indess die Furcht werde die Franzosen, die ohnehin unternehmend, furchtbar machen. Amurath habe einst eine Feuersbrunst den Christen beigemessen und die Lateiner in Constantinopel zu tödten befohlen, da habe der Aga der Janitscharen dargethan, wie gefahrvoll das wäre. Aehnliche Verhältnisse bestehen auch in Smyrna und anderen Orten des Reiches. Was die Entfremdung anlange, so habe man diese für nichts zu achten. Habe doch Se. Majestät schon hochherzigere

Rathschläge befolgt und die Verletzung des Gesandten mit Hülfeleistung in Ungarn gerächt. Wenn sodann gegen Oestreich vorgegangen werde, so werde nichtsdestoweniger das gemeinsame Interesse die Pforte auf Frankreichs Seite zwingen. Aber um wie viel heiliger, selbst nützlicher wäre es, recht erwogen, diese kleinlichen Rücksichten zu lassen, nachdem Zeiten eingefallen, wo das für die Kirche nicht nur, sondern das menschliche Geschlecht bestehende grosse Bedürfniss, welches von den grossen Ministern, Mazarin und Louis de Haro in dem pyrenäischen Friedenskongresse schon bedacht worden, nämlich eine Vereinigung der beiden erhabenen Häuser Habsburg und Bourbon zu einem gemeinsamen Ziele ihrer Pläne, nicht durch leere Versprechungen, sondern durch die Nothwendigkeit der Unternehmungen erfüllt würde."[1]

„Auch das sei der Erwägung sehr werth, dass diese Expedition selbst mit profanen Augen angesehen, einen viel grösseren Erfolg als die früheren Expeditionen in das heilige Land verspreche."

„Aegypten eröffne den Zutritt zu den reichsten Reichen des Orientes, werde den indischen Handel an Frankreich fesseln. Sicherlich würden die Portugiesen, wenn sie Aegypten hätten besetzen können, längst Indien unterworfen haben — sie, deren Kräfte mit denen Frankreichs nicht zu vergleichen. Ohnedies machen sie sich den Völkern furchtbar: nur von den Holländern und Engländern sind sie zurückgedrängt worden. Ungestraft setzen die Holländer die Könige des Morgenlandes in Schrecken. Für Frankreich wäre nach der Occupation Aegyptens nichts leichter als die gesammte Küste

---

[1] Etiam in Europa mira rerum conversio occupatam Aegyptum sequetur: nam ..... Pontifices magnitudine beneficii magis in potestate habebis quam cum illi Avenione sederent: et Italiam Germaniamque Turcico, Hispaniam Mauritanico a Taffelita metu liberabit et imperium orbis cum domo Austriaca partietur. Ea demum vera reconciliatio erit pontentissimarum familiarum, qua utraque contenta erit, Franciae Orientem, Hispaniae Occidentem offerentibus fatis. Si consentiant uti certe poterunt tunc indissolubili propriae utilitatis nexu colligari etc. p. p. 233.

des indischen Meeres wie die Inseln in seine Gewalt zu bekommen. Die inneren Landstriche würden bald folgen. Er wage zu sagen: nichts Grösseres und unter dem Grossen Leichteres könne gedacht werden."

„Endlich kehre man zu etwas Kleinlichem, gleichsam mit widerwilligen Gedanken zurück. Holland würde richtiger in Aegypten[1]) als zu Hause besiegt: dort würden ihm alle Schätze des Morgenlandes entwunden, durch welche allein es zur Blüthe gelangt."

„Der bemerkenswerthe Unterschied sei, dass Holland den dort wider dasselbe gerichteten Schlag nicht merken werde, bevor er geglückt, oder merke es ihn zuvor, ihm doch nicht ausweichen könne. Denn wer sähe nicht, dass, wollten die Holländer die französische Expedition nach Aegypten hindern, der allgemeine Hass der Christen sie überschütten würde. Geschähe der Angriff auf Holland selbst, so würde es den Schlag auffangen, durch die allgemeine Gunst gegen das missliebige Frankreich unterstützt werden. Eine Unternehmung gegen die Ungläubigen wünschen nicht blos die, welche die Kirche lieben, sondern auch die, welche Frankreich hassen; diese desswegen, weil Frankreichs Ehrgeiz, wie sie meinen, ein tüchtiger Gegner erstünde, gegen welchen es vergebens seine Kräfte aufbrauche. An einen ägyptischen Krieg, der den indischen Handel und die allgemeine Herrschaft gewähre, würde Niemand im Traume denken. —

Nur möge Art und Ort der Expedition sorgfältig geheim gehalten und den Leuten vorgeredet werden, dass die africanischen Piraten oder Morea oder die Dardanellen und Constantinopel angegriffen werden sollten. Während alle Gemüther in Spannung seien, müsste blitzschnell Aegypten occupirt

---

1) Quemadmodum enim in fabulis est, matrem Maleagri filio indignatam stipite fatali in ignem immerso absentis hominis viscera torruisse, ita alieno incendio Hollandi conflagrabunt arentes et ex succi revulsione quadam versorum aliorsum aperta rectiore via Indiae alimentorum. —

werden. Dieses Ereigniss würde nicht nur den wunderbaren Ruf, die königliche Frömmigkeit, auch des Königs Edelsinn und geheimnissvolle Weisheit bewähren, indem alle, welche nichts sicherer als den holländischen Krieg dachten, bei der plötzlichen Wendung, wo die früheren Pläne im Busen zurückbehalten und die ganzen gegen Holland gemachten Rüstungen, als ob sie längst wider Aegypten bestimmt gewesen, ebendorthin gekehrt werden, das Geheimniss eines so weitgehenden Rathschlusses, der sowohl Holland einzuschüchtern als die Türken zu überwinden angethan, bewundern würden."

Leibniz hatte die Schrift vollendet, der December war herangekommen. Der Herzog Johann Friedrich war nicht auf die Proposition eingegangen. Seine Mitwirkung war gesucht worden, da sein Wort bei Ludwig XIV. nicht geringe Geltung hatte: sodann auch, weil Leibniz und Boyneburg zu einer Zeit, wo der Kurfürst in sehr schlechter Beziehung zum König stand, es wohl nicht unternehmen durften, dem Könige direct einen hochwichtigen politischen Vorschlag zu machen, ohne dass der Argwohn und Unwille des Kurfürsten wach gerufen worden wäre.

Jetzt erfolgte ein Umschwung der Verhältnisse, der König und der Kurfürst traten wieder in Einvernehmen.

Der letztere schien durch Entgegenkommen, zu welchem er durch die immer näher rückende Gefahr bewogen wurde, dem Stolze des französischen Monarchen insoweit genug gethan zu haben, dass dieser ihm sein Wohlwollen wieder antrug.

Am 8. December traf Heiss, welcher beim Kurfürsten von Trier als französischer Resident beglaubigt war, mit einer ausserordentlichen Mission betraut in Mainz ein. Am nächsten Tage conferirte er mit Boyneburg und begab sich dann nach

Würzburg zum Kurfürsten. Am 15. hatte er Audienz bei demselben.

Gemäss der in sehr hochfahrendem Tone gehaltenen Instruction hatte der Gesandte zu erklären: wie Se. Majestät mit grossem Missfallen erfahren hätte, sowohl was im Reiche von seinen, des Kurfürsten, Unterhandlungen zum Nachtheil Ihrer Interessen gesprochen würde, als auch, dass er in alle Fürsten dringe, gegen Seine Majestät Bündnisse einzugehen in der Voraussetzung, dass Se. Majestät den Vorsatz hegten, die von ihr getroffenen Rüstungen gegen das deutsche Reich zu gebrauchen, um durch dieses Mittel die deutschen Fürsten zur Vereinigung gegen Frankreich aufzufordern. Nichtsdestoweniger nehme der König sehr grosse Genugthuung an dem von ihm gefassten Entschlusse, seine Aufführung künftig zu ändern und alles zu thun, was Se. Majestät zum grössten Vortheil Ihres Dienstes wünschen könnte.

„Dass Se. Majestät, um ihm ein Zeichen der aufrichtigen Gesinnung zu geben, womit Sie den Kurfürsten wieder zu Gnaden aufnehmen wolle, ihn (Heiss) beauftragt habe, dem Kurfürsten Ihre Absichten betreff's des nächsten Feldzuges zu eröffnen.

„Dass Se. Majestät also keine Absicht habe, das deutsche Reich oder einen Theil davon anzugreifen; dass Sie sogar geneigt sei, in alle Verträge einzugehen, welche Ihr zum Behufe der beständigen Beobachtung des Westphälischen Friedens vorgeschlagen würden; dass sie ebensowenig den Plan hege, die Spanier anzugreifen, sondern im Gegentheile, sofern sie seine Feinde nicht unterstützten, entschlossen sei, den Aachner Frieden pünktlich auszuführen; Se. Majestät habe sie früh davon in Kenn'niss gesetzt, dass nicht sie es seien, gegen welche Sie ihre Waffen kehren werde und endlich habe Sie versprochen, sich bis zum Ende December 1671 in Bezug auf die zwischen Ihr und dem König von Spanien schwebenden Differenzen dem Schiedsrichterspruche der Könige von England und Schweden zu unterwerfen.

„Dass die Absicht des Königs keine andere sei als die Holländer anzugreifen, um sie wegen ihrer Frechheit zu bestrafen, welche sie vergessen lasse, was sie seien, und ihnen den Willen eingebe über alle Angelegenheiten von Europa zu entscheiden und alle Nationen im Handel zu tyrannisiren, um ihre Habsucht zu befriedigen.

„Dass alles, was Se. Majestät von dem Kurfürsten verlange, darin bestehe, dass er sich von Amtswegen bei dem Reiche verwende, um es dahin zu bringen, die Holländer ihren Streit allein ausfechten zu lassen sowie dass die Fürsten des Reichs, welche mit diesem Staate verbündet, keinen Theil daran nehmen.

„Wenn der Kurfürst an Se. Majestät wegen der Sicherheit des Reichs oder des Vortheils seiner eignen Staaten ein Begehren haben werde, so werde Sie die Ihr gemachten Vorschläge mit Vergnügen anhören und dem Kurfürsten alles bewilligen, was er vernünftigerweise von Sr. Majestät werde verlangen können."

Der Kurfürst, welcher dem Zwange nichts entgegenzusetzen hatte, musste sich zu diesen Forderungen verstehen. In einem verbindlichen Schreiben versicherte er dem Könige seine Bereitwilligkeit und betheuerte sein Bestreben für den Frieden.

Sei es, dass Boyneburg und Leibniz nach der durch die Eröffnungen des französischen Gesandten gegebenen Einsichtnahme von der wahren Lage die Schwierigkeiten einer Vermittlung erst recht lebendig vor die Seele getreten waren oder dass das hergestellte Einvernehmen ihnen den Gedanken einer direkten Vermittlung ihres Planes an die Hand gab: genug, jetzt wurde von denselben beschlossen, dass der Plan nicht schriftlich, sondern von einem Abgesandten mitgetheilt werden solle. Während bei einer brieflichen Mittheilung leicht der Eindruck des Planes Zufälligkeiten ausgesetzt bleibe, wäre der Abgesandte in der Lage, schädlichen Einflüssen vorzubeugen oder sie zu beseitigen.

Dem Kurfürsten gaben sie noch keine Kenntniss von ihrem Vorhaben: jedenfalls befürchteten sie, dass derselbe vor lauter Bedenklichkeiten, welche die eigenthümliche Art des Vorschlages zumal bei ihm erregen würde, sie zurückhalten möchte. Sie beschlossen selbständig vorzugehen.

Kaum dass der Nachfolger Lionne's, Pomponne, sein Amt angetreten hatte und die diplomatischen Verhandlungen mit dem Pariser Cabinete ihren regelrechten Gang erhielten, so wandte sich Boyneburg an denselben, um die Mittheilung des ägyptischen Vorschlages einzuleiten; nur einzuleiten, denn nach reiflicher Ueberlegung war er mit Leibniz zu der Ueberzeugung gekommen, dass der Kern des Projektes, nämlich Art und Ort der Expedition, die Mittel und Wege zur Ausführung desselben, erst später, nachdem man die Zuversicht von der günstigen Stimmung des pariser Cabinetes gewonnen habe, dargelegt werden dürften, um nicht im Voraus den Reiz abzustreifen von der Sache, falls sie nicht sogleich Entgegenkommen fände, sodann auch, damit der Autor sich unentbehrlich mache.

Am 12. Januar übernahm Pomponne das Ministerium für auswärtige Angelegenheiten, am 20. Januar richtete Boyneburg an Ludwig folgendes Schreiben, welches an den Minister übermittelt wurde:

„Sire!

Ew. Majestät wird mir gestatten, dass ich Ihr dieses kleine Projekt vorlege, welches Sie, obgleich es auf den ersten Anblick etwas ausschweifend erscheint, doch gemäss der Wichtigkeit des Gegenstandes, welchen es im Dienste Ihres Vortheils behandelt, einer Erwägung nicht unwerth erachten werden. Der Autor, dessen Auffassung viel Billigung verdient, glaubt mit Recht, dass Ew. Majestät genug Kräfte zur Unternehmung dieses Werkes besitzen, welches durch die Vorsehung (in Rücksicht auf vergangene Zeiten, wo Andere daran gedacht haben, ohne zum Ziele zu kommen) gerade für Ew. Majestät aufbewahrt zu sein scheint. Ich überlasse Ihr die Entscheidung, in dem Bewusstsein, dass Ew. Majestät, wenn sie will, trotz der gegenwärtigen Verhältnisse es leicht finden wird, dabei zu einem glücklichen Ziele zu gelangen: wovon Sie, nächst Gott, Herr ist. Ew. Majestät wird also geruhen die für den Ruhm einer unüberwindlichen Regierung so vortheilhaften Erfolge und Früchte des Unternehmens, welche auf Französisch und Lateinisch in dem vorläufigen Billet angegeben sind, in Ueberlegung zu ziehen und mir zu befehlen, wo sie will, dass man Ihr oder Ihrem Vertreter im Einzelnen die wahrhafte Realität dieser Sache und die eigentlichen Mittel zu ihrer Ausführung darstelle. Inzwischen ist der Autor bereit zu einer persönlichen Conferenz, welche die Gnade Ew. Majestät nicht versagen wird. Ich erwarte Ihre Befehle u. s. w."

Das Billet, welches diesem Briefe beigeschlossen wurde, lautete also:

„Es giebt einen Vorschlag, dessen Urheber behauptet, klärlich zeigen zu können, dass ein gewisses Unternehmen

1. welches, ohne Zwischentreten eines ganz ausserordentlichen Unglücks, unzweifelhaft in einem Jahre bewirkt sein kann, wenn Se. Majestät geneigt ist, dabei einen mittelmässigen Theil der Kräfte mit ein wenig Eifer zu brauchen;

2. die Holländer ruiniren wird, obgleich indirekt, so doch mit mehr Sicherheit und Wirksamkeit als durch den grössten Erfolg, der verständigerweise von einem offenen Kriege sich erwarten lässt: und zwar mit solchem Vortheil, dass sie sich weder werden widersetzen noch rächen können. Sie würden ohne Unterstützung, sogar ihren Verbündeten verhasst sein, wollten sie nach Widerstand trachten;

3. sie des beträchtlichsten und vortheilhaftesten Theiles ihres Handels, wovon sie zumeist ihre Subsistenz beziehen, berauben wird, indem sie denselben in den Besitz der Unterthanen Sr. Majestät und Ihrer Verfügung stellt:

4. Se. Majestät nothwendig und in kurzer Zeit zum Herrn des Meeres machen wird.

5. Dabei meint man keinen Vorschlag von entfernten Colonien in Indien oder Amerika, wo jetzt auf gewaltsame Weise, direkten Weges und mit eiligen, rücksichtslosen Planen sich nichts machen lässt, in Rücksicht nicht nur auf die Eifersucht der Holländer, sondern ebenso der Spanier, Portugiesen, Engländer, deren Augapfel man berühren würde.

6. Dagegen wird der Vorschlag sehr angenehm dem Hause Oestreich sein.

7. Und kann dienen zum guten Grunde einer sehr engen Allianz, selbst einer vollkommenen Einigung zwischen diesen beiden vorzüglichsten Häusern der Christenheit: der nämlich beruht auf den wahrhaften Interessen beider, obgleich Frankreich seinerseits mehr Vortheil haben würde.

8. Und wird den Wünschen der Deutschen, Italiener und Portugiesen entsprechen.

9. Und wird Frankreich zur Kriegsschule Europas machen und zum Schauplatze, wo die grössten Genie's und die berühmtesten Männer des Jahrhunderts in der Beschäftigung mit aller Art von bürgerlichen und militärischen Künsten ihre Rolle spielen können und wollen werden.

10. Und wird Frankreich mit unzweifelhafter Nothwendigkeit die allgemeine Leitung der Dinge und das Schiedsgericht zwischen allen Fürsten und allen Regierungen verschaffen und die berühmtesten Familien an seine Interessen fesseln.

11. Ferner lässt sich Alles ausführen mit seinen gegenwärtigen Rüstungen, selbst mit dem überflüssigen Theile, den man anderwärts entbehren könnte und sicherlich verfügbar hätte im Falle eines baldigen Friedens u. s. w.

12. Und falls der Plan unversehens zum Vorschein käme, würde derselbe die ganze Welt in Staunen versetzen und in Verwunderung über das geheimnissvolle Verhalten Sr. Majestät,

der so wohl eine Angelegenheit von so ungeheurer Tragweite betreibe.

13. Und wird durch den Erfolg das ehrenvolle Urtheil derjenigen bestätigen, welche, indem sie den Krieg gegen Holland noch nicht durchaus für beschlossen halten, selbst trotz des Grundes, welchen Sie angenommen und überall veröffentlicht hat, Grund haben, die Plane Sr. Majestät das Wunder des Geheimnisses zu nennen.

14. Und wird Sr. Majestät und Ihrer Nachkommenschaft den Weg, eben dessen Richtung sie einschlägt, bahnen; den Hoffnungen, die am erhabensten, am meisten heldenhaft und am würdigsten sind, dass man sie mit Grund von dem mächtigsten Monarchen des Jahrhunderts hege.

15. Und wird das dauernde Interesse des menschlichen Geschlechtes befassen und die Quelle unsterblichen Ruhmes nach Art der grössten Herren in alle Zukunft sein.

16. Der Autor kann die Einzelheiten über die höchste Wichtigkeit beifügen, doch in diesem kleinen Billet lassen sie sich nicht darlegen. Er hofft auf Gelegenheit und Muse, um ausführlich sich über diesen Gegenstand zu verbreiten, wenn Se. Majestät es will und befiehlt.

17. Und da das Geheimniss die Seele eines solchen Projektes ist, das blitzartig sich vollziehen muss, behält es sich der Autor vor, den wichtigsten und wesentlichsten Theil in Person vorzutragen. Denn wenn die Holländer oder die, welche auf ihrer Seite stehen, auch nur das Mindeste erführen, würden sie die Hoffnung zu reussiren, leicht für immer benehmen: was ihnen aber unmöglich sein wird nach Beginn des Unternehmens und sobald man Hand an's Werk gelegt hat.

18. Die Leichtigkeit ist so gross und so augenscheinlich, dass, wenn wider alle Wahrscheinlichkeit der Verlauf sehr schlecht wäre, nichtsdestoweniger ein beträchtlicher Theil glücken müsse, ohne dass man zu befürchten hätte, sie für immer so verloren zu haben.

19. Und die Sicherheit davon ist so ausserordentlich, dass, wenn Alles in Rauch aufginge, was man anzunehmen keinen Grund hat, doch der Rückzug offen stünde und vollständige Freiheit bliebe, das Unternehmen abzubrechen und zwar zu jeder Zeit, ohne dass das Ansehen und die Macht Sr. Majestät vermindert würde.

20. Endlich folgert der Autor, dass das Frühjahr am geeignetsten sein wird und dass man alle Ursache hat, zu fürchten, man werde durch Aufschieben der Sache die schönste Gelegenheit preisgeben ohne etwas anderes zu erlangen als die kummervolle Erinnerung an das, was man hätte ausführen können." —

Der ausserordentliche Gesandte des Königs, Heiss, welcher zur Zeit in Trier sich befand und zur Rückkehr nach Paris sich anschickte, überkam den Brief sammt Aufzeichnung, um sie an das französische Cabinet zu übergeben.

Aber kaum, dass Boyneburg diesen ersten Schritt gethan, so erfuhr er über die politische Lage ein neues wichtiges Moment, welches der Hoffnung auf friedliche Beilegung nur noch wenig Raum liess: er erhielt Kenntniss von der Allianz zwischen Frankreich und England. Die Schwäche Frankreichs zur See, auf welchen Umstand man in Mainz noch mit einiger Zuversicht gebaut hatte, war damit ausgeglichen.

Unter diesen Verhältnissen sah sich Leibniz veranlasst, die Eventualität des Holländischen Krieges noch besonders in Rechnung zu bringen.

Das betreffende Billet, welches am 1. Februar durch den französischen Vertreter Verjus an den Minister des Auswärtigen übersandt wurde, lautet:

„Es ist neulich auseinandergesetzt worden, dass es eine Art von Unternehmen giebt, was vom allerchristlichsten Könige mit geringen Kräften im Zeitraume eines Jahres bewirkt werden kann, was den gegenwärtigen Planen und Rüstungen wunderbar entspricht, so dass es als voraus bedacht erscheinen könnte: was die Holländer ohne Krieg ruinirt; was sie, ohne dass sie sich dagegen rühren können, des vorzüglichsten Theiles ihres Handels beraubt, diesen auf Frankreich überträgt, was den allerchristlichen König zum Herrn des Meeres macht, was ihm das Schiedsgericht und die Leitung der Dinge verschafft: was endlich sicher ist, wovon man, mitten in der Ausführung abstehen kann, wenn man will, ohne Nachtheil für Ansehen und Macht. Seitdem ist deutlicher geworden, woran man damals noch zweifeln konnte, dass es vom allerchristlichsten Könige fest beschlossen sei die Generalstaaten mit Krieg zu überziehen gemäss der vortrefflichen Lage der Dinge und zu Wasser und zu Lande von England wie vom Rheine her die Waffen gegen dieselben zu führen.

Ich bekenne, dass damals, als die früheren Aufzeichnungen gemacht wurden, die Neigung Englands auch ein Offensivbündniss mit Frankreich einzugehen, durchaus nicht zum Vorschein gekommen war.

Jetzt also unter Voraussetzung des holländischen Krieges ist Folgendes beizufügen:

Da der Zweck dieses Krieges die Demüthigung jener selbst gegen Könige übermüthigen Genossenschaft von Kaufleuten ist, die sich zum Wächter der öffentlichen Ruhe und zum Friedensrichter kraft eigenen Ansehens aufwirft und den Fürsten Gesetze vorschreibt und allen Secten einen Zufluchtsort gewährt und das Monopol über den Erdkreis hin ausübt:

Und es sehr wahrscheinlich ist, dass der König diesen Zweck erreichen kann, indem England hilft, die benachbarten Reichsfürsten in's Einvernehmen gezogen sind und das übrige Europa zuschaut:

So folgt, dass der holländische Krieg nicht lange, oder gewiss nicht länger dauern wird als der allerchristliche König gewillt ist.

Sucht er ihre Erniedrigung, so wird er sie haben; sucht

er in offnem Kriege ihre Vernichtung: — die wird er weder in Kürze noch mit Gewissheit herbeiführen; denn er wird die Eifersucht wach rufen.

Der allerchristlichste König kann nun im selben Momente, wo er Frieden mit Holland macht, die Kräfte auf jene obengenannte Expedition verwenden zum herrlichen Ruhme seiner Weisheit, die so trefflich die Dinge ordnet. Durch dieses Strategem wird er, was er durch einen direkten Schlag nicht erreichen konnte, indirect bewirken: das Ende des holländischen Handels, da sie schon so weit gebracht sind, dass während der Dauer jener Expedition nichts von ihnenzu befürchten ist.

Und was der Erwägung sehr werth ist, der König wird nicht gezwungen, die Truppen zu entlassen, zu entwaffnen oder wenn er Heer und Flotte auf gegenwärtigem Stande erhält, ungeheure Ausgaben im Stillsitzen zu machen;

Sondern wird neuen Stoff zum Ruhm und zur Waffenübung und zur Vermehrung der Macht, in solchem Grade, dass es vor Kenntniss der Sache unglaublich ist, haben;

Eins ist beizufügen, dass es nämlich wünschenswerth ist, das Unternehmen werde noch in diesem Jahre ausgeführt. Es existirt ein günstiges Zusammentreffen von Umständen, die theilweise vorübergehen würden, wenn man sie nicht eifrig und angelegentlich benutzt.

Indess kann der König mit geringer Mühe, ja mit aller Beifall und des Kaisers, des Reiches und Italiens Billigung, dass an eben diesen Orten der Stand der Dinge während des folgenden Jahres derselbe bleibt, welcher, bleiben sich die Dinge überlassen, verändert werden wird.

Und das ist auch ein Grund mit den übrigen, warum, wenn nicht die Expedition selbst, doch die Berathung und Vorbereitung vorgenommen werden muss.

Vielleicht könnte das noch während des holländischen Krieges in Angriff genommen werden, doch nicht mit gleich sichrer Hoffnung auf Erfolg, weil ein Einvernehmen mit England nothwendig wäre, was doch nicht angemessen wäre, wenn nicht der König von England sorglos um diese Bestrebungen sei."—

Der französische Minister hielt dem Könige Vortrag über den Inhalt dieser eingelaufenen Schreiben. Unterm 12. Februar schrieb er an Boyneburg:

„Ich habe durch Herrn Heiss die Briefe erhalten, welche Sie mir zu schreiben die Güte gehabt haben. Herr Verjus hat mir seitdem den vom ersten dieses Monats geschickt. Alle verbinden mich, Ihnen zu bezeugen, wie empfindlich ich bin für Ihre Freundlichkeiten und wie gern ich Gelegenheit nehme, Ihnen die Versicherung von der Achtung zu geben, welche ich schon seit langer Zeit über Ihr Verdienst hege und, welche in Wahrheit zu beweisen, ich sehr erfreut bin.

Ich habe die Ehre gehabt dem Könige Mittheilung zu machen nicht allein von den Briefen sondern auch von den Denkschriften, welche beigefügt waren und im Allgemeinen einen für den Ruhm und Vortheil Sr. Majestät so bedeutenden Vorschlag enthalten, ohne dass sie zeigen, durch welche Mittel er sich ausführen lässt. Wie der Autor (nach Ihrer Notiz) sich vorbehalten hat, selbst sich darüber zu erklären, so wird Se. Majestät gern die Eröffnungen sehen, welche er zu machen hat, sei es dass er hierher kommen will zur deutlichen Erklärung, sei es, dass er es thun will auf diesem oder jenem Wege, welcher ihm angezeigt dünkt. Bei einem Vorschlag, der von so grosser Tragweite ist und so grosse Dinge verspricht, sieht Se. Majestät, gemäss der Kenntniss, welche Sie von Ihrem Urtheil und Ihrer Einsicht hat, insbesondere auf die Meinung, welche Sie darüber haben."

Nachdem Boyneburg diese entgegenkommende Antwort erhalten hatte, schien die Zeit gekommen, dass auch der Kurfürst in das Projekt eingeweiht würde. In einer Denkschrift[1]),

---

[1] Synopsis meditationis de optimo consilio, quod potentissimo regi dari potest impraesentiarum. S. u.

welche Leibniz zu diesem Zwecke verfasste, charakterisirt er die Lage der Dinge, wie sie bei den in der holländischen Angelegenheit betheiligten Mächten sich zeige, die Gesinnungen der massgebenden Persönlichkeiten, in Holland, England, Frankreich. Der Schluss der Schrift, welche Leibniz nach Kenntniss des zwischen Frankreich und England geschlossenen Bündnisses aufgesetzt hat, lässt die Möglichkeit einer friedlichen Vermittelung immerhin noch durchscheinen: unter der Voraussetzung, dass Ludwigs Ehrgeize ein neues und grösseres Gebiet eröffnet würde, welches eben Aegypten sein soll. Den Werth dieses Landes für Handel, für See- ja Weltherrschaft erläutert er in grossen Zügen in einer zweiten Denkschrift von mässigem Umfange.

Wie die Folgezeit lehrt, erfasste der Kurfürst freudig das Projekt. Seine unmittelbar thätige Mitwirkung, es bei Ludwig zur Annahme zu bringen, hielt er noch zurück. Er that jetzt weiter nichts als dass er Leibniz, welcher sich anschickte nach Paris zu reisen, um persönlich seinen Vorschlag zu vertreten, Offenhaltung seiner Stellung zusicherte.

Am 4. März theilte nun Boyneburg Pomponne mit, dass er auf dem Punkte stehe, Mittel zu finden, um den Autor des Projektes zu senden.

Am 18. März stellte er Leibniz das Beglaubigungsschreiben aus:

„Hier ist der, den der König durch den Brief erbeten hat, welchen mir zu schreiben Ihnen gefallen hat. Es ist ein Mann, der, obschon sein Aeusseres nicht danach ist, doch sehr wohl bewirken kann, was er verspricht und von dem ich wünsche, dass seine trefflichen Fähigkeiten während seines Aufenthaltes bei Ihnen (Pomponne) einzig in den Dienst Sr. Majestät gestellt würden. Ich bitte Sie, ihm die Wohlthat Ihrer Protektion und Ihrer Gunst zu gewähren und ihm fortwährend zu gestatten, dass er sich Ihnen oder dem, welchem der König Weisung giebt, über den genannten Gegenstand erkläre, indem er bereit ist, mehr und mehr alles zu beantworten, wovon man finden sollte, dass es Schwierigkeiten unterstellt oder was anfangs ein wenig überraschend und fast unübersteiglich erscheint. Die Hauptsache, Wesen und Schicksal der Angelegenheit besteht in dem äussersten Geheimniss und in einer reiflichen Erwägung der wesentlichen Umstände, welche indess bis zu einem gewissen Grade bald geschehen müsste, sonst ist die Sache den Intriguen der Zeit unterworfen. Wollen Sie mein Ansuchen würdigen, womit ich Sie bitte, besondere Sorge zu tragen, dass der Aufenthalt dieses Mannes von Gerüchten verschont bleibe wie von Störungen, damit er allein an seinen Gegenstand denken kann, und dass man ihm die Vorschüsse erstatte, welche er hier für seine pariser Reise erhalten hat. Er ist allein mit einem Diener, hat von seinem Herrn nichts, was er aufwenden könnte; er besitzt nur seine Gelehrsamkeit, seine Redlichkeit und seine Anstelligkeit, womit er vollkommen die Befehle Sr. Majestät ausführen wird. Ich verlasse mich auf Ihre Verfügung u. s. w."

Mit diesem Dokumente versehen reiste Leibniz am 19. April nach Paris ab: wie es hiess, um im Auftrage Boyneburg's Geldforderungen, welche derselbe an Ludwig XIV. hatte und welche zu erfüllen das französische Ministerium Schwierigkeiten gemacht hatte, zu ordnen. Ob Leibniz in Sachen seines Projektes je zur persönlichen Verhandlung mit Ludwig oder einem Vertreter desselben gekommen ist: darüber ist nichts bekannt.

Zu gleicher Zeit wie Leibniz ging der Neffe des Kurfürsten Schönborn in ausserordentlicher Mission an den pariser Hof, um Vermittelungsvorschläge seines Herrn zur Beilegung des Streites zwischen Frankreich und Holland zu überbringen. Er wurde abgewiesen mit dem Hinweis auf das zwischen Frankreich und England bestehende Bündniss, welches ein Zurückgehen Frankreichs unmöglich mache. Der Krieg war unvermeidlich.

Am 7. April wurde der Krieg gegen die Republik erklärt. Am 24. Mai setzte Ludwig XIV. an der Spitze seiner Armee über die Maas. Zuvor schickte derselbe, um sich während des holländischen Krieges der Freundschaft der rheinischen Fürsten zu versichern, einen ausserordentlichen Gesandten an dieselben. Es war das der Marquis de Feuquières. Nachdem derselbe in Trier seine Mission erfüllt hatte, langte er (30. Mai 1672) in Mainz an. In den Unterredungen, welche derselbe mit dem Kurfürsten hatte, wird auch des Projektes einer Unternehmung im Oriente gedacht.

Wir lernen dies aus Depeschen[1], in welchen Feuquières den König und den Minister Pomponne über den Erfolg seiner Bemühungen benachrichtigte.

Der Gesandte spricht da seine Verwunderung aus, dass der Kurfürst, während er über seine eignen Interessen leicht hingehe, oder wie wenn er sie auf ein andermal verschieben wolle, oder als ob sie ihm weniger am Herzen lägen, sehr bald auf die allgemeinen Interessen falle. „Alle seine Raisonnements", sagt er weiterhin, „verbreiten sich in Vermuthungen über die Zukunft, welche ihn den Frieden hoffen lassen. Er sagt, Sire, dass wenn Ew. Majestät den Krieg nur unternommen habe, um die Holländer zu züchtigen, diese bald genugsam gezüchtigt sein würden durch den Ruin ihres Landes und durch den Verlust einiger Plätze.... Und dass ein so christlicher und weiser König seinen Unwillen nicht weiter treiben dürfe gegen einen Staat, der sich jetzt geltend macht als Bollwerk der allgemeinen Freiheit. Dass die Fortsetzung des Krieges, wobei Er keinen anderen Vortheil erlange als andere zu ruiniren, bald ganz Europa werde verdächtig werden. Gegenwärtig habe Ew. Majestät noch Freiheit zu handeln..... Er ist der Ueberzeugung, Ew. Majestät einen Dienst zu erweisen, indem er in seiner Eigenschaft als Kanzler ver-

---

[1] Correspondance Mayence 1666—72. Supplément. S. Guhrauer, Kurmainz. III. Buch p. 281 ff.

ständige Vorschläge zu machen sich vorbehält, wenn die Gerechtigkeit Ew. Majestät befriedigt sein wird und er inzwischen Alles was Ihnen schaden könnte zu beseitigen suchen wird, damit Ihre Ehre gewahrt bliebe; denn es sei nöthig, dass die Holländer gestraft und gedemüthigt würden. Nur weiss er nicht ob Ew. Majestät gebeten sein wolle durch den Kaiser und das Reich oder durch Ihre Diener.

Alsdann, Sire, kam er auf ein Unternehmen, das viel würdiger der Waffen Ew. Majestät wäre: nämlich Krieg gegen die Ungläubigen. Er will mir darüber einen Vorschlag mittheilen und hoffe ich vor meiner Abreise Ew. Majestät darüber benachrichtigen zu können." — An Pomponne schreibt der Gesandte, dass der Kurfürst sehr grosses Verlangen trage, darüber mit dem Könige in besondere Unterhandlung zu treten.

In der nächsten an den König gerichteten Depesche (8. Juni) meldet Feuquières: Gestern erhielt der Kurfürst Nachricht von dem glücklichen Kriegsanfange Ew. Majestät, worüber er grosse Freude bezeugt, und es scheint, dass sie für ihn doppelt ist: weil die Protestanten gedemüthigt werden und zweitens wegen der Geneigtheit, welcher er bei Ihnen zu begegnen hofft rücksichtlich des ruhmreichen Werkes, welches er für Ihre Waffenmacht vorschlagen will. Ich glaubte, Sire, dass alles das, was er mir von einem heiligen Kriege sagte, wobei Sie Führer sein sollten, nur Schein und höfliche Redensart wäre: aber er spricht so oft davon und so umständlich über Sicherheit, Mittel und Vortheile, dass er wohl lauter Gutes, was zugleich dem gegenwärtigen Plane Ew. Majestät nicht entgegen ist, im Sinne haben mag. Denn er wünscht, dass Sie die Eroberung fortsetzen und dass, bevor Spanien und die Freunde des Kurfürsten von Brandenburg Entschliessung gefasst haben, der Friede nach ihrem Gutbefinden geschlossen sei. Durch einen besonderen Artikel sollen die Holländer verpflichtet werden, mit ihren Schiffen und ihrem Gelde Ew. Majestät bei dieser Expedition zu dienen: und das, Sire, nach

einem durch die Kriege gegen die Ungläubigen Ihrer Krone
erworbenen Rechte. Inzwischen will er nach Kräften allen
Ew. Majestät feindseligen Berathschlagungen Einhalt thun
und verspricht sich mir zu eröffnen, wenn ich zu Verhandlungen ermächtigt sei. —

„Ich sage Ihnen nichts", antwortet Pomponne aus dem
Lager von Doesburg 21. Juni 1672, „über die Vorschläge
eines heiligen Krieges; aber Sie wissen, dass sie seit den
Zeiten des heiligen Ludwig aufgehört haben, Mode zu sein."

Damit hatten die Verhandlungen über den ägyptischen
Plan ihr Ende erreicht.

Indess weder Boyneburg noch Leibniz gaben nach dieser
Erklärung des Königs die Hoffnung auf Erfolg ganz auf.
War doch die Antwort des Königs auf einen Antrag erfolgt,
der von Johann Philipp mehr in seiner Eigenschaft als Erzbischof denn als weltlicher Fürst formulirt worden war und
den Kern des Projektes keineswegs traf. Boyneburg, fürchtend,
dass, wenn der holländische Krieg nicht bei Zeiten beigelegt
würde, aus demselben ein allgemeiner europäischer Krieg entstände, sah allein in der Durchsetzung des Projektes die
Rettung und ermahnte Leibniz eifrig, die Denkschrift über
diesen Plan auszuarbeiten. Derselbe hat es gethan und ein
mustergültiges Werk geschaffen[1]: aber umsonst. Schnell nach
einander starben ihm die beiden einflussreichen Protectoren,
Boyneburg im December 1672, der Kurfürst im Februar 1673.
Frankreichs Verhandlungen mit der Pforte hatten im Laufe
des Jahres 1672 und 1673 noch manche Schwierigkeiten zu
bestehen. Allein Ludwig, welcher d'Arvieux ohne bestimmte
Instruction abordnete, wollte im Grunde ein Einvernehmen
um jeden Preis hergestellt wissen. Endlich im Juni 1673 kam
der Vertrag mit der Pforte zu Stande: aber der Artikel von
der freien Schifffahrt über das rothe Meer nach Indien wurde

---

1) Justa dissertatio vergl. u. d. Disposition.

nicht in denselben aufgenommen. Leibniz, welcher alles versuchend noch Ende 1672 für den Kurfürsten eine Denkschrift[1]) aufsetzte zum Nachweise, dass, wenn Brandenburg thatkräftig am holländischen Kriege sich betheiligte, ein allgemeiner Krieg unfehlbar entstehen würde und darum eine bewaffnete Demonstration Kursachsens im Rücken von Brandenburg zur Einschüchterung desselben am Orte sei, wagte noch einmal aber mit dem früheren Erfolg den Herzog Johann Friedrich von Braunschweig-Lüneburg nach dem Ableben seiner beiden Gönner für seine Angelegenheit zu gewinnen. Er musste obwohl mit tiefem Mismuthe[2]) sein Projekt aufgeben, von dessen Ausführung er so Grosses für den Wohlstand Frankreichs wie der übrigen Staaten erwartete. Ein grosser europäischer Krieg entwickelte sich, welcher das Mark Frankreichs verzehrte. —

---

1) Consilium de castigando per Saxonem Brandenburgico b. Klopp. II. 159 ff.

2) Diese Stimmung klingt in so mancher späteren Produktion nach. Einen interessanten Rückblick findet der Kundige in d. Gedichte: Ad Alexandrum Papam VIII; Abdruck desselben im Leibniz-Album.

II. Theil.

1. Geschichte der Schriften.

Leibniz erwähnt später diesen Vorschlag nur einmal, in dem Briefe an seinen Freund Hiob Ludolf in Frankfurt a. M.: *„Johannes Philippus, me hortatu Boineburgii scriptis rationes complecti jusso, id agitabat, ut Gallis persuaderet arma expedire in Aegyptum, Ludovico sancto sed imparibus viribus olim frustra petitam, dum Caesar et Poloni a sua parte incumberent hosti."* (Kritischer Abdruck dieses Briefes bei Guhrauer, Kurmainz u. s. w. II. B. Beilage X.)

Eckart, Leibniz's Nachfolger als Bibliothekar und Historiograph des Welfenhauses, der lange Jahre um Leibniz war, meint in seinem „Lebenslaufe Leibnizens", derselbe sei in Geldangelegenheit Boyneburg's nach Paris gegangen. Eberhard, Verfasser eines Lebens von Leibniz (Pantheon der Deutschen II. 1795) hat durch den Bibliothekar Jung Nachricht von der Existenz einer umfangreichen Denkschrift über die Eroberung Aegyptens erhalten; er führt das Concept eines Schreibens von Leibniz (resp. Boyneburg) an Ludwig XIV. und Pompomme's Schreiben an Leibniz (Boyneburg) vom 12. Februar 1672 an. Er glaubt damit eine Entdeckung gemacht zu haben.

---

1) Den Citaten aus Leibniz liegt, wo keine besondere Namensangabe gemacht worden, die Ausgabe der Leibniz'schen Werke von Dr. Onno Klopp zu Grunde.

Schon früher, es war im Jahre 1755, hatte Michaelis in Göttingen den Briefwechsel zwischen Leibniz und Hiob Ludolf herausgegeben. Johann von Müller, der diesen las, machte in seinem Tagebuch die Bemerkung: „Jenner 1799. Gelesen habe ich Leibnizens und Hiob Ludolf's Briefe. Der Zug nach Aegypten zur Beschäftigung der kriegsgewohnten französischen Heere kommt hier auch vor. Die Idee ist von Johann Philipp von Schönborn, dem grossen Kurfürsten von Mainz, nach dem westphälischen und pyrenäischen Frieden. Leibniz hat darüber arbeiten müssen".[1]) Es bedarf kaum der Erinnerung, dass Johann von Müller oben den Zug Napoleons nach Aegypten im Sinne hat. Ob Napoleons Zug mit jenem Vorschlage in einem gewissen Zusammenhange stehe oder nicht, daran denkt derselbe nicht. Diese Controverse hat sich erhoben. Wir müssen auf sie eingehen. Die Annahme, dass ersteres der Fall sei, gewann ihrer Zeit grosse politische Bedeutung.

Es war im Jahre 1803, kurz vor Wiederbeginn des Krieges zwischen England und Frankreich, dass in England eine Schrift erschien, welche allenthalben grosses Aufsehen erregte, unter dem Titel: *A summary account of Leibniz's memoir adressed to Lewis the Fourteenth, recommanding to that monarch the conquest of Egypt asconducire to the establishing a supreme authority of Europe. London, printed for Hatchard, bookseller to Her Majesty.* Das Motto: *Aegyptum certe Latiis tueamur ab armis.*[2])

„Die unzweideutigen Symptome des Entschlusses der französischen Regierung" heisst es im Eingange „trotz den Stipulationen des Tractates von Amiens und dem Interesse, das diesen Tractat sichern sollte, bei seinen Planen auf Aegyp-

---

1) Johann von Müller, Werke XXXII. 38.
2) Die englische Ausgabe selten. Guhrauer hat sie in der Bibliothek des British Museum eingesehen. Uebersetzung von Archenholz Minerva 1804. I. B. cfr. Michaud, Histoire de croisades. Tom. V. Pièces justificatives No. 11.

ten zu beharren, machen es in der gegenwärtigen Lage der öffentlichen Angelegenheiten zu einem sehr wichtigen Gegenstande, die Nation von dem Umfange dieser Plane und von den Umständen zu belehren, die dem Ehrgeize Frankreichs zuerst jene Aussichten eröffneten, welche die Directorial- und Consular-Regierung so thätig verfolgte."

„Es ist eine den Staatsmännern wohlbekannte Thatsache, dass der Ehrgeiz Frankreichs auf Aegypten zuerst von dem berühmten deutschen Philosophen Leibniz gelenkt wurde, der zu der Zeit, da Ludwig XIV. beträchtliche Rüstungen gegen die Niederlande veranstaltete, seine Gelehrsamkeit und seinen Scharfsinn auf ein Memoire an diesen Monarchen verwendete, worin er ihn eifrig ermahnte, jene Rüstungen zu einer Expedition gegen Aegypten zu verwenden, für deren glücklichen Erfolg zu bürgen er sich erkühnte, und ihm zeigte, dass die Eroberung Aegyptens unfehlbar eine gänzliche Obergewalt über alle anderen Mächte verschaffen und vermöge ihrer Folgen den unvermeidlichen Ruin des Handels und der Macht Hollands nach sich ziehen würde."

„Diese merkwürdige Schrift war bisher der Einsicht des Publicums verschlossen, aber sie enthüllte den Herrschern Frankreichs eine Aussicht, die sie längst aber vergebens zu erreichen suchten — bis endlich die durch die Anstrengungen der Revolution geöffneten Hülfsquellen ihnen die Mittel zur Ausführung dieser denkwürdigen Unternehmung verschaffen, deren Umstände und Folgen allgemein bekannt sind."

„Das in lateinischer Sprache aufgesetzte Memoire ist etwas stark, aber diese Stärke rührte vorzüglich von den zahlreichen und weitschweifigen Citaten aus einer Menge von Schriftstellen her, die zur Erläuterung und Vervollständigung der Nachrichten beigebracht wurden. Der allgemeine Umriss von Leibnitzens Planen, die Grundsätze, auf denen er beruht, und der politische Zweck, sind alles, was uns jetzt interessirt; und die folgende Nachricht ist darauf berechnet, den Lesern von allen diesen wichtigen Punkten eine vollständige und treue Nachricht zu geben".

Nun wird behauptet: „dass die Expedition, die im Sommer 1798 aus Frankreich unter Bonaparte's Commando abging und die Welt durch die Usurpation Aegyptens in Erstaunen setzte, blos die eventuelle Ausführung und genaue Vollziehung eben jenes Planes war, der vor ungefähr einem Jahrhundert zu Versailles unter die geheimen Staatspapiere gelegt wurde; und daraus folge, dass dieses Memoire auf einige bisher noch unenthüllte Punkte ein Licht werfen könne".

Eine wichtige Bemerkung sei die, dass ungeachtet weder Bonaparte, noch Andere Anspruch auf die ursprüngliche Idee dieses Unternehmens machen können, doch ersterer die Ausführung viel weiter trieb, als Leibniz je gedacht, da die Macht und Herrschaft, die nach Leibnizens Plane zwischen die Kronen Frankreich und Spanien getheilt werden sollten, nach der Absicht des französischen ersten Consuls in seine eigenen Hände zu concentriren waren. Dieses sei ein wichtiger, von England wohl zu beherzigender Unterschied. Durch Bonaparte's Betragen bei allen Kriegen und Friedensverhandlungen sei es erwiesen, dass der Punkt, nach welchem Frankreich's Politik unausgesetzt hinstrebe, eine bestimmte Obergewalt über alle anderen Staaten sei, wie Leibniz sie in dem Folgenden so eifrig einschärfe.

Es geschieht Berufung auf die Worte, welche Bonaparte bei seiner Abreise an den Divan in Kairo richtete (Tableau d'Egypte I. 192): „Bei meiner schon oft geäusserten Ueberzeugung, dass ich, so lange ich nicht einen entscheidenden Schlag thue, der zugleich alle meine Feinde zu Boden schlägt, den Besitz Aegyptens, des schönsten Theiles der Welt, nicht in Ruhe und Frieden werde geniessen können, habe ich den Entschluss gefasst, mich an die Spitze meiner Escadre zu stellen" u. s. w.

Sodann giebt der englische Autor eine Vergleichung

zwischen Leibniz's Plan und der Expedition Napoleons. Leibniz schreibt (Just. diss. XLVIII l. Klopp 379): „Von Aegypten aus werden die Holländer ohne Schwierigkeit ihres indischen Handels beraubt werden, auf welchem gegenwärtig alle ihre Macht beruht und so wird ihnen unmittelbar und auf eine sicherere Art geschadet werden als durch den grössten Erfolg einer off'nen Fehde." „Hier lesen wir", ruft der Autor aus, „unter anderem Namen unser Schicksal, wie die Plane der Franzosen es bestimmen." Er erinnert an die Proclamation Napoleon's, die derselbe 22. Juni 1798 bei der Abfahrt an seine Truppen richtete: „Soldaten, ihr seid im Begriffe eine Eroberung zu unternehmen, deren Einfluss auf den Handel und die Civilisation nicht zu berechnen sein wird. Ihr werdet den Engländern einen sehr empfindlichen Streich beibringen, der ihren Untergang zur Folge haben wird."

Zwei analoge Punkte des Kriegsplanes werden besonders hervorgehoben, die Occupation Malta's und der Zug von Aegypten nach Syrien. Leibniz schreibt (Just. diss. c. VI. p. 238): „Hierzu kommt, dass die Insel Malta eine sichere Station für die Flotte sein würde; eine Insel, die mit Frankreich durch so viele Bande verknüpft ist, da der grösste Theil der Ritter und der Grossmeister des Ordens Franzosen sind!" Dazu macht jener die Glosse: „In unseren Tagen haben wir die Folgen des hier von Leibniz bemerkten Einflusses, den das Uebergewicht der französischen Ritter Frankreichs in den Regierungs-Angelegenheiten von Malta zu geben vermochte, erfahren und ebenso haben wir den positivsten und praktischen Beweis der Wichtigkeit erhalten, den Bonaparte der Eroberung von Malta beilegt. In seinem unmittelbar nach der Wegnahme von La Valetta an das Directorium geschriebenen Briefe erklärte er: „Ich habe Nichts vernachlässigt, was uns diese Insel sichern kann. Der Platz ist unvergleichlich wichtig. Wir besitzen im Mittelpunkte des mittelländischen Meeres den stärksten Posten und es wird denen, die uns daraus vertreiben

wollen, theuer zu stehen kommen". (Pièces officielles de
l'armée d'Egypte.)
Ueber den Zug nach Syrien spricht sich Leibniz (Just.
diss. XX. 280) also aus: „Aleppo und Damaskus sind die
einzigen Städte, die im Stande sind, den Fortgang unserer
Waffen höchstens einigermassen zu verzögern, nachdem Kairo
bezwungen ist. Ungeachtet sie fern vom Meere sind, so ist
es trotzdem nöthig, dass sie gesichert werden; wir werden
dann das ganze Land diesseits des Amanus-Gebirges inne
haben, so dass die Türken, durch unsere Besetzung des engen
Passes dieses Gebirges, von Syrien und Aegypten ganz abgeschnitten sein werden." In der englischen Flugschrift heisst's:
„Hier finden wir den wahren Zweck der Inversion Syriens
durch Bonaparte und des Marsches der französischen Armee
nach Acre und den Küsten von Palästina angegeben und wir
sehen aus diesem Memoire, dass die Maassregeln zur Ausführung dieses Theils von Leibniz's Plan genommen wurden,
der die Wichtigkeit sich des Passes von Alexandrette zu bemächtigen, erkannte, um die Sicherheit der ägyptischen Eroberung zu vermehren. Wenig dachte dabei der französische
General daran, dass der Hafen von Acre ein wesentliches
Hinderniss seines Fortganges, noch weniger, dass er der
Wendepunkt seiner Laufbahn sein würde. Leibniz hatte versichert, dass nach dem Falle von Kairo nichts die Fortschritte
der Armee nach Alexandrette hindern könnte; und in der
That seine Meinung lässt sich rechtfertigen, da der bei Acre
geleistete Widerstand Sir Sidney Smith's von so ausserordentlicher Art war, dass er ganz über die Regeln der Wahrscheinlichkeit hinausgeht. Wir entdecken hier also, dass die
glänzende Combination der Schiffe- und Militair-Operation, die
dieser ausgezeichnete Officier entwarf und ausführte, mit dem
grössten Glücke gekrönt wurde. Nicht nur dass er Bonaparte
zurückschlug und zum Rückzug nach Aegypten zwang, wie
wir schon wissen, sondern auch, wie wir hier erfahren, dass

er den Zweck vereitelte, die Herrschaft Syriens vermittelst eines im Passe von Cilicien stationirten französischen Corps zu sichern". — Thiers erzählt, dass Napoleon, Sidney Smith erwähnend, ausrief: „Cet homme m'a fait manquer ma fortune!"

„Es ist unmöglich", raisonnirt der Autor weiter, „dass der Leser nicht bereits eine unmittelbare Verbindung zwischen diesem Plane und der gegenwärtigen Lage der Angelegenheiten bemerkt haben sollte. Die offenbar gewordene Denkungsart der jetzigen Regierung Frankreichs in Hinsicht auf Aegypten, die Nähe der französischen Häfen an der ägyptischen Küste, die Entfernung Grossbrittaniens von dem Schauplatze dieser Unternehmung, endlich auch die besonders gute Anlage Aegyptens in den Händen der Franzosen zur Erreichung aller der in Leibniz's Plane angegebenen Zwecke sind Thatsachen, die dem Leser in allen möglichen Combinationen aufgefallen sein müssen und alle Beweise des Satzes unnöthig machen, dass Grossbrittanien sich in der Nothwendigkeit befinde, der Vergrösserung Frankreichs in der Levante einen starken und beständigen Widerstand entgegenzusetzen."

Daraus wird die practische Folgerung gezogen, dass die englische Regierung die Art. 10 des Traktates von Amiens festgesetzte Herausgabe Malta's nicht vollziehen dürfe. „Frankreich", so lautet der mahnende Schluss, „wird es zukommen, zu bedenken, dass es, wenn es unseren Besitz von Malta zu einer Ursache des Krieges macht, den Traktat von Amiens aufhebt und dadurch zugleich die Ansprüche, welche es macht, vernichtet!"

Wir haben ausführlich den Inhalt angegeben. Denn abgesehen von der durchgeführten interessanten Parallele zwischen Leibniz und Bonaparte, giebt dieser Schrift zuvörderst ihr Ursprung Bedeutung. Sie ist ausgegangen vom englischen Ministerium. Da Hannover, wo Leibniz's Handschriften niedergelegt worden, durch Personal-Union zu jener Zeit mit England verbunden war, so konnte die Kenntniss von Leibniz's ägyptischem Plane leicht dorthin gelangen. Das englische Ministerium hat in der That im Jahre 1798 Abschriften vom Consilium Aegyptiacum und der Justa dissertatio nehmen lassen. (Feder bei Mangourit s. u.)

Kaum dass die Nachricht kund geworden von der Landung Napoleons in Aegypten, wurden Leibniz's sämmtliche Papiere über das genannte Project der sorgfältigsten Revision unterworfen, abgeschrieben, irrige Bezeichnungen, welche Bibliothekare gemacht, berichtigt. Es geschah das auf Befehl der Regentschaft; ihr Präsident, Graf Kielmannsegge, nahm selber an der Arbeit Theil. —

Sodann aber: die Nichtherausgabe Malta's, welche die englische Flugschrift befürwortet, war eine Ursache des Krieges, welcher im Jahre 1803 wieder zwischen England und Frankreich ausbrach.

Seit jener Zeit nun setzte sich die Meinung fest, dass ein äusserer Zusammenhang zwischen jenem Vorschlage und der napoleonischen Expedition stattgehabt habe. Zu ihrer Verbreitung trug vorzüglich die geistreiche und glänzende Darstellung bei, welche der berühmte Geschichtschreiber der französischen Revolution Thiers[1]) gegeben hat über das Unternehmen Bonaparte's. „Bonaparte", sagt er[1]) „dachte also an ein Project von andrer Art, ein ganz ebenso gigantisches Project, als die Landung in England, aber welches sonderbarer, unermesslicher in seinen Folgen, angemessener für die Einbildungskraft und hauptsächlich näher liegend war. Man hat gesehen, dass er in Italien sich sehr mit dem mittelländischen Meere beschäftigte, dass er eine Art von Marine geschaffen hatte, dass er bei der Theilung der venetianischen Staaten Sorge getragen hatte, Frankreich die griechischen Inseln vorzubehalten, dass er Intriguen mit Malta angeknüpft hatte, in

---

1) Histoire de la Révolution française par A. Thiers 1834. 5me ed. tom. X.

der Hoffnung, es den Rittern und den Engländern zu nehmen, kurz, dass er oft die Augen auf Aegypten gewandt hatte als den Vermittelungspunkt, den Frankreich zwischen Europa und Asien einnehmen sollte, um sich des levantischen oder des indischen Handels zu versichern. Diese Idee hatte in seiner Einbildungskraft Platz genommen und hielt sie in der stärksten Aufregung. Es existirten im Ministerium der auswärtigen Angelegenheiten kostbare Documente über Aegypten, über seine Wichtigkeit für den Handel, See- und Kriegswesen, er liess sich dieselben durch Herrn von Talleyrand übermachen und fing an sie zu verschlingen. Indem er den Wünschen des Directoriums zu gehorchen schien, dachte er so an eine ganz andere Unternehmung; er war mit seiner Person auf dem Ufer und unter dem Himmel des alten Batavia, aber seine Einbildungskraft schweifte auf den Gestaden des Orientes. Er sah in eine dunkle und unermessliche Zukunft hinein. Sich in diese Gegenden des Lichtes, und des Ruhmes versenken, wo Alexander und Mahomet Königreiche besiegt und gegründet, dort seinen Namen wiederhallen zu lassen und ihn nach Frankreich zu schicken, getragen von den Echo's Asiens, war für ihn eine berauschende Aussicht....

Bonaparte, welcher an Aegypten dachte, wie er vor zwei Jahren an Italien gedacht hatte, d. h. mit einer unwiderstehlichen Heftigkeit, hatte seinen Entwurf dem Directorium vorgelegt. Die grossen Genies, welche die Karte der Welt betrachtet hatten, haben alle an Aegypten gedacht. Man kann davon drei nennen: Albuquerque, Leibniz, Bonaparte. Albuquerque hatte gefühlt, dass die Portugiesen, welche eben erst den Weg von Indien um das Vorgebirge der guten Hoffnung eröffnet hatten, dieses grossen Handels beraubt werden könnten, wenn man sich des Nils und des rothen Meeres bediente. Auch hatte er die gigantische Idee gehabt, den Lauf des Nils abzulenken und ihn in das rothe Meer zu werfen, um diesen Weg für immer unbrauchbar zu machen und den Portugiesen den Handel auf ewig zu sichern. Vergebliche Vorsicht des Genies, welche alle Dinge verewigen will in einer beweglichen und veränderlichen Welt! Wenn Albuquerques Entwurf gelungen wäre, so hätte er für die Holländer und später für die Engländer gearbeitet.

Unter Ludwig XIV. richtete der grosse Leibniz, dessen Geist alle Dinge umfasste, an den französischen Monarchen eine Denkschrift, welche eins der schönsten Denkmale politischer Logik und Beredtsamkeit ist. Ludwig wollte einiger Medaillen wegen in Holland einfallen. — „Sire", sprach Leibniz zu ihm, „nicht in ihrem Lande werden Sie diese Republikaner besiegen können. Sie werden über ihre Dämme nicht setzen, aber ganz Europa auf ihre Seite reihen. In Aegypten muss man Ihnen den Schlag versetzen. Da werden Sie die wahre Strasse des indischen Handels finden: Sie werden diesen Handel den Holländern wegnehmen, Sie werden die ewige Herrschaft Frankreichs in der Levante sichern, Sie werden die ganze Christenheit erfreuen, Sie werden die Welt mit Erstaunen und Bewunderung erfüllen, Europa wird Ihnen Beifall schenken, statt sich gegen Sie zu verbinden. Dies sind die grossartigen Ideen, vernachlässigt von Ludwig XIV., welche den Kopf des jungen republikanischen Generals erfüllten."

Die Ueberzeugung, welche in der angeführten Darstellung deutlich genug sich ausdrückt, hat ein Landsmann von Thiers, der ausgezeichnete Historiker, Michaud, angelegentlich vertreten. „Hat man", so sagt er[1]) „den Bericht über den letzten Krieg der Franzosen in Aegypten gelesen, so bleibt man überzeugt, dass Bonaparte den an Ludwig XIV. gerichteten Vorschlag einer Expedition gekannt habe". Er fügt hinzu, man glaube allgemein, dass das Leibniz'sche Memoire bis zur Zeit der Revolution in den Archiven von Versailles aufbewahrt worden; wahrscheinlich, dass es während der politischen Wirren

---

1) Histoire des croisades tom. V. p. 392.

der Revolution verschwunden sei. Man bemerke wohl: die Annahme, dass Napoleon Leibniz' Plan gekannt habe, wird gegründet auf die auffallende Aehnlichkeit zwischen des Letzteren Erörterung und Napoleons Unternehmen. Dass eine Schrift des Philosophen zu Versailles sich befunden, die dort verschwunden, spricht Michaud selber nur als Vermuthung aus.

Thiers erzählt zugleich, dass Bonaparte von selbst jenen Gedanken erfasst habe. Das geschah in Italien. Während er auf dem Schlosse Passeriano bei Mailand den Friedensschluss von Campo Formio abwartete, liess er sich von der ambrosianischen Bibliothek in Mailand Schriften über Aegypten bringen.[1]) Die Bibliothek birgt noch die von ihm benutzten mit Randbemerkungen versehenen Schriften. Talleyrand hat zu jener Zeit selbständig Aegypten als Colonie für die unruhigen Elemente Frankreichs in's Auge gefasst. Er, der dem Generale aus dem Archive des auswärtigen Ministeriums Documente über Aegypten vor der Expedition mitgetheilt hatte, versicherte später, darüber angegangen, dass dabei Leibniz's Name zwischen Napoleon und ihm nicht ausgesprochen worden sei. Die näheren Umstände, unter welchen Napoleon die Kenntniss des Leibniz'schen Planes zukam, sind diese. Wenige Monate nach dem Erscheinen des mehrerwähnten englischen Pamphletes, Sommer 1803, rückten die Franzosen in Hannover ein. Charles Villers in Göttingen hatte einen *Appel aux officiers français de l'armée d'Hanovre* drucken lassen. Darin machte er sie auf die zu Hannover befindliche Denkschrift aufmerksam. Feder, der Bibliothekar, erzählt, dass viele französische Officiere kamen, um das Memoire zu sehen. Der General Mortier bat um eine Abschrift. Er erhielt sie sammt einem erläuternden Briefe Feders und schickte sie an den ersten Consul. Hier das Original des Begleitschreibens:

---

1) S. das Zeugniss b. Guhrauer, Kurmainz in der Epoche von 1672. I. 26.

Armée d'Hanovre. Armée Française. République Française. Au quartier général à Hanovre le 11. Thermidor an 11. de la République Française.

Edouard Mortier, Lieutenant-Général, Commandant en chef au premier Consul.

Mon Général!

Le célèbre Leibnitz avoit proposé à Louis XIV. la conquête d'Egypte. Son mémoire manuscrit sur cette partie intéressante du Globe, écrit en latin, est déposé à la Bibliothèque d'Hanovre. J'ai cru qu'il ne vous seroit point indifférent de le lire.

Veuillez recevoir, Mon Général, l'assurance de mon respectueux dévouement.

(Sign.)   *Ed. Mortier.*

Damit verbinde man Mangourit's Zeugniss[1]): *Il est d'autant plus certain que ce mémoire est resté ignoré jusqu'à la conquéte du Hanovre que s'il eût été connu lors de l'expédition de Bonaparte en Egypte, on en eut parlé depuis et en diverses circonstances; ce que l'on n'a pas fait. L'historien du siècle de Louis XIV. puisa aux meilleures sources et n'en fit aucune mention.* —

Hier also haben wir unverwerfliches Zeugniss dafür, dass Niemand vor dem Jahre 1803 von dem Leibniz'schen Memoire Kunde hatte.

Die Abschrift aber, welche an Mortier übergeben wurde, war von der für den Kurfürsten von Mainz bestimmt gewesenen Denkschrift, dem *Consilium Aegyptiacum* genommen. Ueber die grosse, die *Justa dissertatio* schweigt Feder in seiner Zuschrift.

Napoleon übergab die Abschrift — mit welchen Empfin-

---

[1] Voyage en Hanovre fait dans les années 1803 et 1804, contenant la description de ce pays etc. les extraits du projet de l'Egypte, rédigé par Leibnitz et présenté à Louis XIV. .... par Mangourit. Paris. An XIII—1805 vid. pg. 193. Ch. XIV.

dungen mag er sie gelesen haben! — an den Präsidenten des Instituts von Aegypten, Monge. Fourrier, der Secretair dieses Instituts, hat in der historischen Einleitung zur *Description d'Egypte* darüber im Jahre 1807 unter den Augen des Kaisers geschrieben: „Der berühmte Leibniz, für alle grossen Gesichtspunkte geboren, hatte sich mit diesem Gegenstand lange beschäftigt und an Ludwig XIV. eine ausführliche Arbeit gerichtet, welche ungedruckt geblieben und in welcher er die mit dieser Eroberung verbundenen Vortheile auseinandersetzt." Sollte Napoleon sich sorgsam gehütet haben den Ursprung seines ägyptischen Planes zu verhehlen? Aber den Leibniz'schen Plan konnte er nicht einmal kennen.

Thatsache ist, dass in den Schriftstücken, welche an Ludwig wirklich gelangt sind, nämlich einem Briefe (Boyneburgs) und zwei kurzen Denkschriften der Name „Aegypten" gar nicht genannt ist.[1]) Sie reden von einem gewissen Unternehmen, beschreiben kurz dessen Vortheile und versichern die Ausführbarkeit. Leibniz hatte beschlossen näher über dasselbe sich auszusprechen, nachdem Ludwig ernstlich auf den Gedanken eingegangen. Man hat hierbei an die ausführlicheren Denkschriften, das *Consilium Aegyptiacum* und die *Justa dissertatio* gedacht. Die erste Schrift war aber gar nicht für Ludwig bestimmt, kann also auch nicht an ihn gekommen sein; die zweite war allerdings für den König bestimmt, sie ist aber nicht vollendet und sicherlich nicht abgesandt worden. Die Annahme, dass Napoleon Leibniz' Plan vor seiner Expedition gekannt habe, ist also ein Irrthum, welcher seinen Ursprung der Broschüre des englischen Ministeriums verdankt. Die innere Verwandtschaft, die wunderbare Aehnlichkeit der genialen Pläne im Einzelnen schien die glänzendste Bestätigung zu sein. —

<small>1) Nach Dr. Klopp ist auch das Specimen demonstrationis für Ludwig bestimmt und an Ludwig abgesandt worden. Dann müsste freilich so etwas wie Michaud's Hypothese für diese Schrift angenommen werden. Doch s. u.</small>

Das Verdienst, jene Controverse klar gestellt wie in das Dunkel, welches über Leibniz' Vorschlag und Schriften sich gebreitet, zuerst Licht gebracht zu haben, hat sich Guhrauer erworben. Er behandelte den Gegenstand zuerst in der Denkschrift: *Sur le projet d'Expédition en Egypte présenté à Louis XIV. par Leibnitz*, gelesen in der Academie der moralischen und politischen Wissenschaften, vid. *Mémoires de l'Académie Royale des Sciences morales et politiques de l'Institut de France. Tom. II. Serie II. Paris 1839*; dann mit manchen Berichtigungen in dem Buche: Kurmainz in der Epoche von 1672. 2 Theile. 1839 (vergl. dazu Guhrauer, Leibnitz's deutsche Jugendschriften, 2 Theile, und Gottfried Wilhelm, Freiherr von Leibniz. Eine Biographie. 2 Theile. 1846). Derselbe ist mit grossem Scharfsinn in den Gegenstand eingedrungen; da ihm aber mehrere Aufzeichnungen fehlten, waren Irrthümer unvermeidlich. Alsdann hat Dr. Onno Klopp im 2. Bande der Ausgabe von Leibniz's Werken Hannover 1864 mehreres bisher Unbekanntes an's Licht gebracht, das Consilium genau nach dem Manuscript herausgegeben, die *Justa dissertatio* zuerst in der lateinischen Originalsprache zu Drucke gebracht. Durch diese Arbeit hat er die Möglichkeit einer umfassenden Behandlung des Gegenstandes, in der Einleitung eine solche selbst gegeben. In welchen Punkten wir eine abweichende Auffassung, und aus welchen Gründen wir dieselbe vertreten, lehrt die folgende kritische Untersuchung. —

2. Kritische Untersuchung der Schriften.

Die Papiere Leibniz's, welche den ägyptischen Plan betreffen, sind uns vollständig[1] erhalten; wenigstens ist in den Aufzeichnungen, welche denselben betreffen, kein Moment

---

[1] Hier sind nur die eigentlichen Denkschriften mit den betr. Vorarbeiten gemeint; dass die Briefe, welche von Leibniz aus Paris an Boyneburg geschrieben worden, aber verloren gegangen sind, manch' interessante Notiz enthielten, ist kaum in Zweifel zu ziehen.

gegeben, woraus man auf ein noch fehlendes Schriftstück schliessen müsste.

An die kurze Disposition (No. IV) schliessen sich Niederschriften, welche, fragmentarisch gehalten, als Vorarbeiten erscheinen. Leibniz sucht darin mehre wichtige Gesichtspunkte in's Licht zu stellen. Das erste Schriftstück (No. V) enthält einzelne Gedanken, welche in losem Zusammenhange niedergeschrieben sind. Hauptsächlich gelten die wenigen Bemerkungen der Rechtfertigung, dass er, ein Privatmann, den Vorschlag mache. Im zweiten Schriftstück (VI) wird der Gedanke verfolgt, dass ein kraftvoller Staat und ein mächtiger König natürliches Interesse an einem grossen Unternehmen haben müssen. Mehr als in der vorgenannten tritt in der Schrift (No. VII) *Regis Christianissimi quid intersit* die Rücksicht auf Ludwig und Frankreich hervor.

Die erste zusammenfassende Darstellung des ganzen Planes liegt vor in dem *Regi Christianissimo* überschriebenen Schriftstück, welches für Ludwig bestimmt war. Aus der Art, wie die holländische Frage hervorgehoben ist, ergiebt sich, dass die Abfassung in eine Zeit fällt, wo es in Mainz bekannt war, dass Ludwig den Krieg gegen Holland beschlossen habe. Nun erhielt Boyneburg am 8. December 1671 durch Heiss die officielle Mittheilung. Die Abfassung ist also nach diesem Zeitpunkte geschehen. So hat man deducirt. Allein schon länger als vor einem Jahre wussten Boyneburg und Leibniz ohne officielle Mittheilung (s. d. Bedenken), dass es zum Kriege kommen müsse. Es handelt sich um die Zeit des Ausbruches. Als die Eröffnung von Heiss gemacht wurde, da eben wurde der Entschluss den Plan mündlich darzulegen gefasst, die Absendung einer Schrift aufgegeben. Dass jene Art der Mittheilung vortheilhafter sei, diese Ueberzeugung spricht Leibniz ausführlich aus in No. I; er will nur, dass *homini illi ad regem redituro*, nämlich Heiss, eine allgemeine Andeutung gegeben werde, dass Jemand in Mainz einen bedeutenden Vorschlag zu machen habe. Wegen seiner Wichtigkeit solle derselbe keinem Schriftstück anvertraut werden. Persönlich wolle man ihn machen. Es ist danach die Schrift oder der Brief vor dem 8. December verfasst, selbstverständlich nicht abgesandt worden. —

Synopsis meditationis de optimo consilio, quod potentissimo regi dari potest impraesentiarum. (No. VIII.)

Das ist eine Geschichte der Zukunft. Der Ausgang wird von den Rüstungen Ludwig's genommen. Es war klar, dass sie gegen Holland berechnet waren. Die Ursachen des ersten Krieges seitens des englischen Königs Karl gegen Holland werden dargelegt und wie es zum Frieden von Breda und zur Trippelallianz gekommen. Freilich konnte diese keine Festigkeit haben. Karl war dieselbe in der ersten Zornesaufwallung über die französische Treulosigkeit eingegangen. Seine Gesinnung war eine dem republikanischen und reformirten Holland feindliche. Nicht minder feindlich war dem letzteren Ludwig. Die Handelsmacht Hollands verletzte Frankreichs Interessen. Ludwig beschloss darum es mit Krieg zu überziehen. Sein Reich war kraftvoll; zum *arbitrium rerum* fehlte nur eine Seemacht. Aber um Holland niederzuwerfen, bedurfte er eben derselben. Der König musste also daran denken, Englands Unterstützung zu erlangen. Allerdings Karl's veränderliches Wesen kannte man. Derselbe ging ein Bündniss ein, aber von Hoffnung und Furcht hin und her bewegt, blieb er nicht fest in seinem Entschlusse. Er war in seinem Herzen dem Könige zugethan, der reichlich gab und Grosses in Aussicht stellte, aber er wusste nicht wie er den Widerstand seines Landes überwinden könnte. Immer wieder begann er die Verhandlungen. Dazu zeigten sich die Holländer dem Könige von Frankreich willfährig. Das Alles bedachte Ludwig. Er berief einen Ministerrath. Tellier, der älteste im Rathe, spricht zuerst: Das Heer sei auf's Trefflichste gerüstet, von kriegerischem Geiste beseelt. Dürfe man wieder zurückgehen? Der gemachte Aufwand sei bedeutend; das Heer werde den guten Geist verlieren, der Adel, besonders der niedere, welcher behufs der Kriegsausrüstung sein Vermögen erschöpft habe, werde ruinirt und dem Könige abgeneigt werden, England sei auf Frankreichs Seite getreten. Diese schöne Gelegenheit dürfte so leicht nicht wiederkehren. Endlich fürchten die Holländer den Landkrieg. Sie bitten um Frieden, weil sie müssen. Nach Colbert kann die Armee nicht länger beisammen bleiben, wenn kein Gebrauch gemacht werde. Aber Gerechtigkeit verleihe grösseres Ansehen als Gewalt. Die Holländer machten billige Angebote. Dem jüngeren Adel müsse man in Indien ein Feld anweisen. Bald werde dort der Handel zur Blüthe kommen. Frankreichs reiche Bevölkerung, ihr Colonisationstalent werde dort Grosses erreichen. Nicht so viel gewähre der Krieg. In Köln und Münster herrschen deutsche Wahlfürsten; mit ihrem Wechsel wechsele die politische Richtung. Auf England dürfe man sich nicht verlassen. Was erreiche man? Einige Städte, höchstens die oder jene Provinz. Das Höchste, was der König erstrebe, sei damit nicht gewonnen. Das neueste Mitglied des Ministeriums, Pomponne, der jüngst von fremden Höfen zurückgekommen, spricht zuletzt: Schwedens dürfe man sich gegen Holland versichert halten; den Kaiser würden seine Interessen nicht lange in Unthätigkeit lassen. Mit Holland müsse sich der Krieg zur See entscheiden, allein die französische Seemacht stehe der holländischen nach. Nur mit England dürfe man etwas wagen und das sei unzuverlässig. Gesetzt, man sei Karls ganz sicher: die Action würde höchst wahrscheinlich eine lässige sein. Gesetzt auch der Krieg verlaufe günstig: beim Friedensschlusse werde England mehr Hollands als Frankreichs Interesse wahrnehmen. — Der König, ergriffen von diesen Bedenken, beschliesst die endgültige Berathung zu verschieben auf den drittfolgenden Tag. Die Nacht zuvor hat er einen Traum. Er träumt, dass er das Admiralitätsschiff' bestiegen habe und mit seiner Flotte gegen Holland segele. Schon tritt die Küste in Sicht; da erhebt sich ein Sturm. Die Flotte wird auseinandergejagt, das Schiff des Königs mit mehreren auf die hohe See getrieben. Es erscheinen unbekannte Inseln, fremde Gestade. Noch verhindert der Wind das Landen; endlich treiben sie gegen eine Küste, die erfüllt ist von Fussvolk und Reitern. Der König giebt Befehl die Anker zu werfen; dann begiebt er sich in seine Cajüte. Da umstrahlt ihn ein Licht. Ein Greis erscheint, verklärt, majestätischen Antlitzes, geschmückt mit Krone und Scepter: aber wunderbar, seine Arme sind in Ketten geschlagen. In dichterischer Rede wendet er sich an den vor Staunen sprachlosen König:

> Bis coeli tentata fides, bis vana movemus
> Bella pii ferroque prius dein peste jacemus
> Sidereis passim transfixi pectore telis.
> Nondum tempus erat.
> Exoriare aliquis nostris ex ossibus ultor!
> Hic alio melior votis Hollandia coelo,
> Consciaque arcanis, supremo in margine mundi,
> Limina non unquam fatis concessa moveri!
> Ibitis imperio Christumque feretis in omnes!

Man versteht, wohin die Schrift zielt. *Concluditur expeditio in Hollandiam Orientis, id est Aegyptum omnium Orbis regionum efficacissimam ad summam rerum* hat Leibniz nachträglich der Ueberschrift beigesetzt.

Man hat angenommen, dass diese *Synopsis meditationis* für Ludwig XIV. bestimmt gewesen sei. Vieles spricht dagegen.

Schon der Umstand, dass Leibniz einen Gedanken, der auf den ersten Anblick vielleicht einen abenteuerlichen Anstrich zeigte, für den französischen Monarchen in eine so romanhafte Form kleidete, könnte Anstoss erregen. Indessen die Form poetischer Visionen findet sich auch sonst in den politischen Schriften humanistisch gebildeter Autoren.

Bedenklich ist zuerst dies, dass Leibniz (in der Einl.)

und zwar mit einigem Eifer sich dagegen verwahrt, dass er dem Könige schmeichle. Eine feine, von der Wahrheit entlehnte *Captatio benevolentiae* verschmäht Leibniz an anderen Stellen nicht; sodann: wie hätte er zu befürchten, Ludwig XIV. werde sich von einem Lobspruche verletzt fühlen. Wohl aber ist diese Entschuldigung verständlich, wenn man sich die Schrift an den Kurfürsten von Mainz gerichtet denkt. Die *opinio Gallicismi* des damals gegen Frankreich eingenommenen Kurfürsten nimmt Leibniz in jener Zeit (XV. 13 cll. 15) wohl in Acht. Ihr vorzubeugen — denn in dem Wesen des Vorschlags selber lag für Ludwig's Macht eine bedeutsame Anerkennung — sagt er hier: *nihil hic adulationi dabitur; laudabimus Principem ab iis quae facturus est, immo quae potest. Verae si volet laudes erunt.*

Die Entscheidung aber liegt darin, dass zur Zeit der Abfassung dieser Schrift das Bündniss Englands mit Frankreich bekannt gewesen sein muss. Die Kenntniss hievon erhielt man in Mainz (s. u. *Il y a une proposition*) nach dem 12. Januar 1672. Es ist aber undenkbar, dass nach Absendung des Briefes an den König noch die *Synopsis* für ebendenselben geschrieben worden sein solle. Nicht minder spricht für die Meinung, dass die Schrift an den Mainzer Hof gerichtet war, die unten zu erweisende Zusammengehörigkeit der *Synopsis* und des *Specimen*.

So allein tritt in's Licht, warum Leibniz geschrieben hat, was und wie er geschrieben hat. Er giebt dem Kurfürsten eine Art Denkschrift über die Lage. Für ihn schildert er die Verhandlungen, die politischen Charaktere am französischen und englischen Hofe. Dass Pomponne, von dem doch Leibniz kurz aber vielsagend schreibt: *Pomponius videtur Hollandia inflammaturus, per quae crevit*, dargestellt wird als zur Vermittelung mit Holland geneigt, konnte nichts schaden: es war nicht die gegenwärtige Neigung, sondern die, welche in ihm hervorzurufen Hoffnung war. Die Bedenken, welche im Rathe des Königs laut werden, die Unzuverlässigkeit Karl's, die Friedfertigkeit wie Macht Hollands: — alle die Momente, welche den Ausschlag zur friedlichen Beilegung zu geben geeignet sind, werden dem Kurfürsten als die Momente unter die Hand gegeben, die er bei seiner Vermittelung zu betonen hat. Dass der Krieg beschlossen war, wusste man in Mainz, aber nicht, um in einem subtilen Ausdrucke zu reden, den man gebraucht hat, dass er beschlossene Thatsache war. Noch in der zweiten Hälfte des März wird Schönborn zur Vermittelung an den französischen Hof gesandt und Leibniz war bis Ende Januar von der Möglichkeit überzeugt (s. u.). Eben diese Möglichkeit der Vermittelung nachzuweisen, stellte er sich gegenüber dem Kurfürsten zur Aufgabe. Machte dieser Nachweis Eindruck, so war nichts gewisser, als dass der Kurfürst alle Hebel in Bewegung setzen würde, dem Kriege vorzubeugen. Aber auf der anderen Seite, gelang die Vermittelung, so musste doch immer Ludwig ein Feld der Thätigkeit haben. Er bedurfte der Action. An Colbert's Auseinandersetzung knüpft Leibniz in seiner Weise seinen Plan an. Frankreich bedarf der Stärkung seines Handels, einer Macht zur See. Was aber mit ihm Ludwig braucht und wünscht, das wird in Aegypten errungen und zugleich ein alter heiliger Gedanke der französischen Könige zur Erfüllung gebracht. Was einer der grössten französischen Könige, Ludwig der Heilige, unternommen: der spätgeborne Spross soll das vollenden. Und pflegt es doch so zu sein, dass grosse Fürsten ihre grossen Thaten vollführen, ergriffen und getragen von dem Geiste und Gedanken, der in ihren trefflichsten Ahnen lebte. Ob nach jener Seite Ludwigs des Heiligen Grösse lag — muss dahingestellt bleiben. Im Gemüthe des Königs einen Anknüpfungspunkt zu suchen: darauf verwies Leibniz.

Nach alledem gewinnt auch die Form ihre Bedeutung.

Man möchte sagen die Art, der Inhalt und Zweck der gegenwärtigen Schrift widerstrebte in etwas dem festen Gange jener anderen, die wesentlich mit Geschehenem rechnen. Um eindringlich zum Kurfürsten zu reden, wird eine andere Fassung vorgezogen. Aber die sorgfältig verdeckten und doch durch die Handlungen hindurchleuchtenden Gesinnungen der fremden Regierungen zu schildern, die massgebenden politischen Charaktere fein, anschaulich, überzeugend zu zeichnen, nach allen Seiten mit den Interessen und Sympathien Ludwigs den ägyptischen Plan zart zu verweben, die subjektive Ueberzeugung, die doch der Wahrheit nicht entbehrte, kräftig vorzuführen; — das alles in der Form und mit der Kraft geschichtlicher Thatsachen, gekleidet in ein dichterisches, schönes und einschmeichelndes Gewand — welch' eine geistvolle Conception!

Es war diese die erste für den Kurfürsten bestimmte Darstellung; denn mit Bezug auf die Ueberschrift *synopsis meditationis de optimo consilio quod Potentissimo Regi dari potest impraesentiarum* sagt Leibniz: *ut verum fatear complecti initio totum hoc novo quodam Romanissi genere consilium erat in specimen Historiae Futurorum.* Die Abfassung derselben fällt nach dem Obigen in die Zeit zwischen Mitte Januar und Mitte März.

Man erwartet, da hier der ägyptische Plan nur kurz berührt ist, dass Leibniz die wirklichen Vortheile dem Kurfürsten vorzutragen sich veranlasst sehen musste, welche von der Ausführung des Planes zu erwarten waren. Denn diese musste der Kurfürst kennen, um zu glauben, dass der König auf den Plan eingehen werde.

Es giebt in der That eine solche, seither in ihrer Bestimmung missverstandene Schrift. Der vorigen: *Synopsis meditationis de optimo consilio, quod potentissimo regi dari potest impraesentiarum. Concluditur expeditio in Hollandiam Orientis id est Aegyptum omnium Orbis regionum efficacissimam ad summam rerum* entspricht die folgende bemerkenswerther Weise schon in der Ueberschrift: *Specimen demonstrationis Politicae de eo, quod Franciae intersit impraesentiarum seu de* optimo consilio quod potentissimo Regi dari potest. Concluditur expeditio in Hollandiam Orientis seu Aegyptum. Auch inhaltlich schliesst sie sich eng an die *synopsis* an. Dort war die politische Lage auseinandergesetzt und hier heisst es gleich im Eingange: *Summa scripti est, expeditionem in Aegyptum hac rerum facie a Regi Christianissimo suscipiendam esse.* Die Vortheile oder Nachtheile einer solchen müssten deutlich gemacht werden durch eine Charakteristik von Land und Leuten, wo mit dem Klima die Bodenbeschaffenheit und die Produkte des Landes, wo Charakter und Fähigkeiten der Einwohner ermessen werden. Leibniz verspricht nach diesen Gesichtspunkten noch eine eingehende Ausführung zu geben, falls und bevor es zur Expedition komme. Vorläufig will er nur ein Specimen geben, soweit die Kürze der gegenwärtigen Schrift es erlaube. Und nun weist er darauf hin, dass Aegypten, der Isthmus zwischen dem rothen Meere und dem mittelländischen, grossartige Vortheile durch seine Lage gewähre. Sein Besitz verbürge die Herrschaft zur See, den Erwerb des Welthandels, da es den kürzesten Weg nach Indien eröffne, den dritten Theil der Erde für den Handel erschliesse. Frankreich würde den holländischen Handel, der um Africa geht, vernichten können, da es, im Besitz des kürzeren Weges über Aegypten, die Waare billiger liefern könne. Davon aber, dass dem Könige gehen werde, wie es etwa in dem einen an ihn gerichteten Billete heisst: *par une consequence indubitable la direction universelle des affaires et l'arbitrage entre tous les princes et toutes les republiques et attacher les familles illustres partout à ses intérêts*, sagt er nichts: das wäre für den Kurfürsten keine lockende Aussicht gewesen. Wohl aber würde man, anstatt dass schliesslich die billige Ueberfracht betont wird, einen höheren Flug des Autors erwarten, wenn die Schrift an Ludwig gerichtet gewesen. Diese Bestimmung ist angenommen worden. Der neueste Herausgeber der Leibniz'schen Schriften sagt II. XXXIV: „Der Beweis, dass A. XII. 2.

(Specimen demonstrationis polit.) an das französische Cabinet gelangt sein müsse, liegt in den Eingangsworten von A. XIII. 3 *(Expositum est nuper)*, in denen eine Schrift ausdrücklich vorausgesetzt wird. Da nun XIII. 3 an das französische Cabinet gekommen ist, so muss es auch XII. 2". Allerdings wird XIII. 3 eine Schrift vorausgesetzt, aber dass eine solche Schrift, dass das Specimen vorausgesetzt sei, ist ganz unerwiesen und unrichtig. Der genannte Herausgeber denkt sich das Verhältniss so: Der von Leibniz für Boyneburg abgefasste Brief sei sammt dem Specimen an Ludwig abgeschickt worden. Das Datum des Briefes (welches fehlt) sei in den December 1671 zu setzen. Denn Leibniz sage (No. A. X), dass die Nachricht (Heiss) *homini ad regem redituro* mitzugeben sei. Zunächst habe man keine Antwort erhalten. Dagegen habe die Kunde verlautet, dass der König von England im Begriffe stehe, seine Waffen mit denjenigen Ludwigs XIV. gegen Holland zu verbinden. Um so mehr sei Eile nöthig gewesen, wenn dieser Krieg noch abgewandt werden sollte. Deshalb habe Boyneburg am 20. Januar 1672 zum zweiten Male an den König geschrieben und dem Schreiben zwei Blätter hinzugefügt, eins in lateinischer, eins in französischer Sprache, beide von Leibniz verfasst, das erste mit Aenderungen von Boyneburgs Hand.

1) Ueber jenen mehrerwähnten Heiss heisst's so: *ut homini illi ad Regem redituro aperiatur oretenus, adesse hominem non contemnendum quia habeat propositionem, sed hunc hominem nolle rem literis committere ob magnitudinem etc.* Da ereignet sich nun in der obencitirten Deduction das Unglück, dass *aperiatur oretenus* recht allgemein übersetzt wird mit: Nachricht mitgeben; flugs vollzieht sich dann unvermerkt wie oben eine Substitution der Begriffe. Aus der Nachricht wird ein Brief. Nun hat Heiss wirklich einen solchen nach Paris überbracht und zwar muss es, laut Schreiben Pomponne's vom 12. Februar, der vom 20. Januar gewesen sein. Danach

müsste Heiss, der Gesandte, der Ende December nach Trier ging, von da[1]) nach Paris gereist sein mit jenem vermeintlichen Decemberbriefe, dann eilig nach Mainz zurückgekommen, um den 2. Brief vom 20. Januar wieder persönlich nach Paris zu befördern. Man stelle sich die Verhältnisse nur einigermassen lebhaft vor!

2) Der Brief (XI) kann nicht abgesandt sein wegen seiner Form und seines Inhaltes. Er ist nichts weiter als das Concept zu dem wirklich abgesandten Briefe XIII. 1. Jenes hat Leibniz niedergeschrieben, nach jenem hat diesen Boyneburg verfasst. Sie stimmen theilweise wörtlich überein; die Gedanken sind hier und dort dieselben. Leibniz tritt, zumal wo er über den Autor d. h. sich selbst redet und auch sonst, nicht so sicher auf, ist daher umständlicher. Boyneburg spricht kräftiger und kürzer. Jener Niederschrift als dem Concepte fehlt natürlich das Datum. Wer aber in aller Welt sendet nach einander identische Briefe ab, es sei denn, dass er den ersten für verloren hält.

3) In der *deliberatio an propositio Aegyptiaca mittenda nunc an postea afferenda* (No. X.), auf welche man sich für die Zeitbestimmung jenes vermeintlichen Briefes berufen, wird am Schlusse, wo die mündliche allgemein gehaltene Eröffnung an Heiss angerathen wird, hinzugefügt, dass sie unbestimmt sein solle: *Sed caveri debet ne vel minimum subolere possit quod sit. Nihil de Oriente, bello sacro etc. dicendum est.* So wie hier gegen Heiss sollte es anfangs gegen Ludwig selbst gehalten werden. Nicht sofort will Leibniz sagen, worin der Plan bestehe. Er meint (XV. 1) *potest aperire se NB. per gradus* und XV. 18: *necessarios nos reddemus ad propositionis executionem, si non omnia simul sed per partes ore tenus, ut*

---

[1] Am 5. Januar 1672 ging von Paris ein Schreiben an Heiss nach Trier ab, worin die Zufriedenheit des Königs mit Heiss' Negociationen und die Erwartung seiner Rückkehr ausgesprochen wird. S. Guhr. Kurm. I 6. 182.

scilicet conferentiarum ordo et executionis temporisque necessitas feret, proponemus. Das Geheimniss soll, bevor der König nicht ernsthafte Geneigtheit für die Sache zeigt, möglichst gewahrt werden. So geschieht's auch in dem von Boyneburg an Ludwig unterm 20. Januar 1672 abgesandten Briefe, so in den demselben beigelegten Billets. Da werden die glänzenden Aussichten des Unternehmens geschildert: aber in keinem der drei Documente wird je einmal der Name Aegypten genannt; selbst nicht durch eine Andeutung wird der Punkt des Unternehmens verrathen.

Eine gewisse Denkschrift schien einen Brief an Ludwig zu fordern: da wird ein Concept zu einem wirklichen Briefe gestempelt, der abgesandt worden. Freilich auch in diesem Concepte ist jener wohlerwogene Grundsatz treu bewahrt, aber in der Denkschrift da giebt's kein Geheimniss: *Summa scripti est,* lautet der Eingang, *hac rerum facie expeditionem in Aegyptum esse suscipiendam.* Lösen wir also das erzwungene Bündniss zwischen jenem Briefconcept und dem *Specimen demonstrationis:* bleibe jenes Concept, und dieses eine Denkschrift für den Kurfürsten von Mainz. Nun bedarf es auch nicht mehr der gezwungenen und subtilen Erklärung, welche Guhrauer und Klopp zu den Leibnizischen Worten geben: *Johannes Philippus Elector Moguntinus me hortatu Boineburgii scriptis rationes complecti jusso id agitabat, ut Gallis persuaderet arma expedire in Aegyptum.* Erst jetzt gewinnen sie ihren wahrhaften, natürlichen Sinn.

Da in die obige Beweisführung die Schrift *Expositum est nuper* XIII. 3 von Dr. Klopp mit verwickelt worden ist, so wollen wir sofort zu den drei Schriften, dem Briefe Boyneburgs an Ludwig, dem Billet *Il y a une proposition* und dem Billet *Expositum est nuper* (No. XIII. 1. 2. 3) übergehen und ihr gegenseitiges Verhältniss nachweisen. Zuvörderst sei constatirt, dass diese drei Schriftstücke und der Brief Boyneburgs an Pomponne No. XVI die einzigen hierher gehörigen Documente sind, die Guhrauer in den *Archives des affaires étrangères. Correspondance Mayence.* Tom. IV. 1671—1672 gefunden hat. Kurmainz Buch III S. 252.

Man hat angenommen, dass die beiden Billets XIII. 2. 3 zusammen abgeschickt worden. In dem einen hebt der Autor geheimnissvoll an: es gebe einen Vorschlag, welcher ausgeführt von ausserordentlich günstigen Folgen sein werde. Die werden dann in einer Anzahl knapper Sätze vorgeführt. In den anderen heisst es, dass seit Absendung des ersten Billets es deutlicher geworden sei, dass ein Offensivbündniss mit England bestehe und der Krieg unvermeidlich sei. Indess auch trotz Ausbruch des Krieges könne jenes Unternehmen in's Werk gesetzt werden, wenn nicht während des Krieges, so doch nach demselben.

Worauf man sich für jene Annahme beruft, ist dies, dass das erste Billet französisch, das zweite lateinisch geschrieben ist. In dem Briefe lautet eine Stelle: *Votre Majesté agréera donc faire quelque réflexion des effets et fruits, ... qui sont marqués dans ce billet préliminaire ci-joint, en français et en latin.* Demnach seien zwei kurze Denkschriften zusammen abgeschickt worden. Allein hier ist nur von einem Billet die Rede; es ist *en français et en latin.* Das heisst nicht: es gebe ein lateinisch geschriebenes Billet und ein französich geschriebenes Billet, beide verschiedenen Inhaltes, sondern ein Billet, zugleich in lateinischer und französischer Fassung. Ist diese Erklärung unerhört? Aber man sehe nur einen gleichen Fall, der im Verlaufe der Verhandlungen zwischen Leibniz und Boyneburg vorkommt. Boyneburg schreibt unter dem 7. November 1672 an Leibniz, der an dem für Ludwig bestimmsen Werke der Dissertatio arbeitete: *Totum opus pertexendum est et absolvendum, ut legi latine possit et gallice.* Wollte man dort nicht die Mühe einer Uebersetzung in's Französische scheuen, damit das Werk nach diplomatischem Brauche in beiden Sprachen vorgelegt würde, so ist wohl nicht unglaublich, dass man mit der ersten kurzen Denkschrift ebenso verfahren.

Dass die lateinische Fassung derselben nicht vorgefunden worden ist, thut nichts zur Sache. Die eine aufzubewahren, genügte dem Zwecke der Sammlung.

Der Brief und das Billet *Il y a une proposition* wurden abgesandt. Dass ein Einvernehmen zwischen Frankreich und England bestehe, war in Mainz bekannt. Man dachte sich jedenfalls dasselbe ähnlich dem zwischen Ludwig und den rheinischen Fürsten. Dass aber in Wirklichkeit ein Offensivbündniss bestehe, war durchaus unbekannt zu jener Zeit. *Fateor*, sagt Leibniz, *tunc cum scriberentur literae priores, nondum omnino Angliae inclinationem ad foedus etiam offensivum cum Francia ineundum apparuisse.* Wäre diese Sachlage, welche den Ausbruch des Krieges ausser Zweifel stellte, früher Leibniz bekannt gewesen, so hätte er den Vorschlag gar nicht angezeigt. Denn er hielt sich überzeugt (No. X), dass, wenn der Krieg gewiss, der Vorschlag, derzeitig gemacht, unnütz sei; ja für die Zukunft verderblich, weil er, zur unrechten Zeit vorgebracht, den Reiz verliere. Jetzt war die Unterhandlung eröffnet: sie musste fortgesetzt werden oder Alles war verloren. Darum erörtert Leibniz jetzt, dass der holländische Krieg die Ausführung seines Planes nicht unmöglich mache. Der Krieg werde nicht lange dauern. Der König werde Holland durch denselben erniedrigen: es zu vernichten, würde ihm die Eifersucht der europäischen Mächte nicht gestatten. Aber der angezeigte Vorschlag setze den König in den Stand, Hollands Macht sicher zu vernichten. Der König brauche nach Beendigung jenes Feldzuges nicht zu entwaffnen: sogleich könne er seine Kriegsmacht zu einem neuen höchst ruhmvollen Unternehmen führen. Das Billet, worin diese Darlegung gegeben XIII. 3 (*Expositum est nuper*), bezieht sich auf das vorgenannte erste (*Il y a une proposition*) XIII. 3.

Der Anfang jenes lautet: *Il y a une proposition, dont l'auteur prétend faire voire clairement qu'une certaine entre-*

prise 1. la quelle pourra être achevée en un an infailliblement sans interrention et un malheur tout-à-fait extraordinaire, si Sa Majesté à l'intention d'y employer une partie mediocre de ses forces avec un peu de chaleur. 2. ruinera les Hollandois quoique indirectement avec plus de seureté et plus d'efficace que par le plus grand succès, qui se puisse raisonnablement attendre d'une guerre ouverte: avec un tel aventage qu'ils pourront ny s'opposer 'ny venger; et seroient sans appuy et mesme en haine de leurs alliés et amis quand ils tascheroient de s'y opposer etc. 3. les mettra hors de possession de la plus considetable et plus profitable partie de leur commerce dont ils tirent la plus grande partie de leur subsistance: la transferant au bien des sujets de sa Majesté et à ses disposition. Damit vergleiche man den Eingang des zweiten Billets: *Expositum est nuper, esse certum quoddam Expeditionis genus, quod a Rege Christianissimo mediocri virium parte intra anni spatium confici possit, quod praesentibus consiliis apparatibusque mire consentaneum, ut videri possit diu praemeditatum* (dort XIII. 2. No. 13: *Et ainsi cette entreprise sera parallele à la ligne présente des desseins autant qu'on en peut connoistre et elle semblera préméditée depuis long temps etc.*), *quod Hollandos etiam sine bello det in ruinam, quod eos ut nec movere se contra possint, dejiciat possessione nobilissimae commerciorum parte quam, tranferat etc.*

Es ist sonnenklar, dass das Billet XIII. 3. auf XIII. 2. sich zurückbezieht. Was die Abfassungszeit resp. die Zeit der Uebersendung betrifft, so ist der Brief an Ludwig mit dem 20. Januar 1672 unterzeichnet. Ihm war das erste Billet XIII. 2. beigelegt. Das zweite Billet für den Minister Pomponne war geschrieben am 1. Februar. Das erste Billet sammt Brief wurde durch Heiss überbracht; das zweite durch Verjus geschickt. So schreibt Pomponne aus St. Germain an Boyneburg unterm 12. Februar 1672: *J'avois desja receu par le Mr. Heiss les lettres, qu'il vous avoit pleu de m'escrire. Mr.*

Verjus m'a envoyé depuis celle du Ier du ce mois. ... *J'ay eu l'honneur de rendre compte au Roy non seulement de vos lettres mais de Mémoires etc. que vous y avez joint.*

Es erübrigen noch zwei für die Zeitbestimmung der Schriften wichtige Aufzeichnungen, welche durch sich selber ihre Bestimmungen geben. Die erste No. X *Deliberatio an propositio Aegyptiaca mittenda nunc an afferenda*, im December niedergeschrieben. Leibniz führt darin aus, dass über die Mittel und Wege des Unternehmens vorläufig nichts mitgetheilt werden dürfe, sondern erst wenn der König Bereitwilligkeit verrathe, dasselbe auszuführen. Diesem Grundsatze bleibt Leibniz treu. Die andere Aufzeichnung gleichen Charakters ist No. XV *Leibnitius ad Baronem J. C. Boineburgium de itinere Parisino*, verfasst nach Absendung des Billets resp. Ankunft des Briefes von Pomponne (datirt vom 12. Febr.). Pomponne berichtet darin auch über das Interesse des Königs, weitere Mittheilungen zu erhalten, sei es, dass der Autor selbst komme oder auf irgend eine andere Weise dieselbe bewirke. In Beziehung hierauf äussert Leibniz, es solle an Pomponne geschrieben werden, dass der Autor komme, im März, so Gott wolle, und vielleicht auch Boyneburg, wenn's sein Gesundheitszustand erlaube, damit er gemäss eines lang genährten Wunsches seinen Sohn zur Ausbildung nach Paris bringe. Boyneburg hat die Reise, welche Leibniz in dem Memoire dringlich befürwortet, abgelehnt. Sein Sohn sollte erst später nach Paris übersiedeln: eine Geldangelegenheit, die am französischen Hofe abzumachen war, vertraute er Leibniz an. — Kraft dieses Beschlusses schrieb Boyneburg 4. März an Pomponne, dass er auf dem Punkte stehe Mittel zu finden für die Reise des Autors. Unterm 18. März stellt er Leibniz das Beglaubigungsschreiben aus. Am folgenden Tage, am 19. März[1]) trat derselbe die Reise nach Paris an.—

---

1) Le Baron de Boinebourg à A. de Morel etc. Mayence le 21. de

Consilium Aegyptiacum.

Leibniz hatte, als er nach Paris ging, noch keine ausführliche Denkschrift für das französische Cabinet ausgearbeitet. In einem Briefe vom 30. April fordert ihn Boyneburg auf, den Plan in einer Schrift darzulegen; in einem anderen, 3. Juni datirten, dringt er auf Vollendung der Schrift; am 6. Juni theilt er den Wunsch mit, das Schriftstück kennen zu lernen und knüpft daran die Bitte, dass die Arbeit beschleunigt werden möchte. Noch unterm 7. November schreibt er: *totum opus pertexendum est et absolvendum, ut legi latine possit et gallice.* Bis zu dieser Zeit war also die Hauptschrift, nämlich *justa dissertatio*, noch nicht vollendet und gewiss nicht bis 6. Oktober; denn ein unter diesem Tage datirtes Schreiben Leibniz's war das letzte gewesen, welches Boyneburg erhalten, wie er in eben dem Briefe meldet.

Hier auch schreibt Boyneburg: *Accepi quoque plagulam unam breviarii de 6. De qua egi cum G. qui jam hic est. In mandatis dabo genero, ut tecum agat supra illa et pro rerum habitu proponat ....* und zum Schluss: *Exspecto reliqua de 6. Perplacet synopsis et conspectus operis. Scio placiturum quoque L.* Unter der Zahl 6 ist Aegypten zu verstehen. Dies Zeichen braucht Boyneburg in seinen Zuschriften an Leibniz und dieser im *Consilium Aegyptiacum* (jedenfalls auch in den verloren gegangenen Antworten an Boyneburg), damit das Geheimniss gegenüber möglicher unerlaubter Einsichtnahme der Schriften geschützt sei. Das *breviarium de 6* ist aber das *consilium Aegyptiacum*. Von diesem hat Boyneburg ein Blatt erhalten, dessen Inhalt ihm sehr gefallen hat, so

---

Mars 1672. ... Mre. Leibniz qui partit d'icy il y a d'eux jours; also am 19. geschah die Abreise; sollte der 18. März gemeint sein, so müsste wohl stehen: avant deux jours. Das Datum des Beglaubigungsschreibens hat zu jener Annahme verleitet.

dass er um die folgenden Blätter angelegentlich bittet. *Synopsis et conspectus operis* hat er empfangen, vielleicht auch den Anfang des *breviarium*. Sicherlich hat sich die Uebersicht des Werkes auf dem Blatte befunden; schreibt er doch: *de qua egi cum G. hic est.* Es kann bei dieser Sachlage kein Fragment, es muss etwas in sich Ganzes gewesen sein: die Uebersicht der *conspectus operis*. Derselbe findet sich in der That beim *consilium*. Boyneburg war in den Plan eingeweiht, so dass er das Gerippe leicht mit Fleisch und Blut umkleiden konnte. Was bedeutet aber die *synopsis?* Dr. Klopp, der sich die *synopsis meditationis* an Ludwig XIV. gerichtet denkt, versteht darunter eben diese und zwar ist er der Meinung, dass Boyneburg den Empfang des Eingangs jener *Synopsis med.* vermelde. Dieser Theil I, nämlich die Einleitung, sei später als Theil II *(Sed ut rectius intelligar)* verfasst, etwa im October 1672 zu Paris geschrieben. Aber selbst bei der Voraussetzung, die Dr. Klopp macht, ist diese Meinung unhaltbar. Dieser Versuch einer Erklärung, wo um einer später erwähnten Synopsis willen jene frühere Synopsis zerschnitten und die Abfassung des Anfangs auf den October verlegt wird, gründet sich auf nichts als eben das einfache Wort *synopsis*. Allein jene für Ludwig bestimmte Schrift wäre als solche längst durch die Ereignisse überholt. Wie darf man annehmen, dass Leibniz mit einer Schrift, die geraume Zeit schon ad acta gelegt war, sich noch befassen und noch den Eingang dazu schreiben konnte. Es müsste denn sein, dass die schriftstellerische Genauigkeit Leibniz quälte, bis er den noch fehlenden Eingang mit ad acta gelegt, dass Boyneburg ein so gewissenhafter Leser war, dass er, nachdem er den Haupttheil der (bei jener Annahme) leider verfehlten Schrift gelesen, sich nicht beruhigen konnte, als bis er nach dreiviertel Jahren richtig auch das Fehlende erhielt.

Es bleibt nichts übrig, als dass wir *synopsis et conspectus* als einen Begriff fassen. Freilich hat Boyneburg eine Tautologie sich zu Schulden kommen lassen. Directer Beweis dafür, dass die Worte nur die Uebersicht des Werkes bezeichnen, nicht aber zwei Schriften, liegt in dem Worte *perplacet*. Es erhielt demnach (wir wissen nicht ob mit dem Anfange des *Consilium Aegyptiacum*) Boyneburg die Uebersicht des Werkes, d. i. der grossen *dissertatio*. Zur Kenntnissnahme eben dieser sollte für Boyneburg das *Breviarium* oder *consilium Aegyptiacum* dienen, welches, wie man sich leicht überzeugt, ein Auszug aus der Dissertatio ist. Das *Cons. Aeg.* ist für Boyneburg bestimmt, nicht etwa für Ludwig XIV., wie man behauptet hat. Dafür spricht schon die Beschaffenheit des Manuscripts, auf welche Dr. Klopp verwiesen hat. Leibniz pflegt nur in Niederschriften, die er für sich oder Boyneburg ausführt, Abbreviaturen anzuwenden. In ihren gegenseitigen Mittheilungen brauchen sie, wie wir bei Boyneburg sehen, aus Gründen stets das Zeichen 6 für Aegypten. Dies hat Leibniz auch constant in dem Manuscript des *Consilium Aegyptiacum* angewandt. Die für Ludwig bestimmten Schriften sind, zum Abschluss gebracht, wie selbstverständlich, sorgfältig ausgefeilt. Aber im *Cons. Aeg.*, das in Reinschrift vorliegt, sind Gedanke an Gedanke, Satz an Satz verbindungslos aneinandergefügt, auch Wiederholungen im Ausdrucke, welche die Flüchtigkeit des Niederschreibens verrathen, kommen vor. Ferner aber wird man nicht annehmen dürfen, dass Leibniz, an Ludwig XIV. sich wendend, diesen schlechtweg Ludovicus (c. I) nennen, dass er mit den Worten schliessen konnte: *Hoc unum superest, ut precemur a Deo, ut attentionem et animi adversionem largiatur: quo majus gratiae donum nunc neque illis neque nobis dari potest.*[1]

---

[1] Guhrauer's weiterer, aus c. V entnommener, Grund wird durch Vergleichung mit Just. diss. c. I hinfällig.

Justa dissertatio.

Die *justa dissertatio* ist diejenige Schrift, welche, im Falle der Gedanke Ludwigs von Ludwig XIV. günstig aufgenommen würde, an diesen übergeben werden sollte. In umfassender Weise behandelt Leibniz den Gegenstand in dieser Schrift.

Zur bequemen Uebersicht folge hier die Disposition (vergl. Klopp.).

De expeditione Aegyptiaca regi Franciae proponenda Leibnitii justa dissertatio.
Prooemium.
Historia consilii.

Propositionis corpus.

I. Expeditio Aegyptiaca est efficacissima ad summam rerum.

1. *Regis Franciae nihil magis interest quam bellum in barbaros.* Cap. I.
2. *Aegyptus adorienda est.*
   a. *Aegyptus est Hollandia Orientis.* C. II.
   b. *Aegypti reditus.* C. III.
   c. *Alia commoda Aegypti occupandae.* C. IV.

II. Facilitas Aegypti occupandae.

1. *Franciae vires, quae illuc vertendae sunt.* C. V.
2. *De itineris ratione.* C. VI.
3. *De Aegypti temperie.* C. VII.
4. *De militia et munimentis Aegypti.*
   a. *De militia.*
      α. *Militiae numerus.* C. VIII.
      β. *Militiae debilitas.* C. IX.
   b. *De munimentis Aegypti.*
      Distributio munimentorum.

α. *Munimenta maritima.*
  aa. *Ad mare mediterraneum.* C. X.
  bb. *Ad mare rubrum.* C. XI.
β. *Munimenta mediterranea.*
  Girge. Cairus cum suburbiis. C. XII.
  Nova Cairus. C. XIII.
  Cairi a Selymo occupatae narratio. C. XIV.
  Francorum in Cairo expugnanda prae Turcis commoda. C. XV.
  Arx Cairi. C. XVI.
  Alia consideratu digna Aegypti munimenta. C. XVII.
γ. *Vicina Aegypto ad mare mediterraneum munimenta.*
  aa. *Palaestinae ad m. m. munimenta.* C. XVIII.
  bb. *Phoeniciae litoris munimenta.* XIX.
  cc. *Alexandretta, Aleppus, Damascus, Cyprus insulae.* C. XX.

5. De auxiliis Franciae ad oppugnandum, Aegypti ad defendendum sive de spe metuque ex ipsa Turcia, ex vicinis ejus et Europaeis.
  a. *De ratione, qua Turca Aegypto succurrere possit, idque.*
    α. *occupandae, ante tentamentum vel durante tentamento.* C. XXI.
    β. *occupatae.* C. XXII.
  b. *De decrementis potentiae Turcicae.*
    α. *Deest principis virtus et scientia, decrevit populositas regionum, militia Turcarum et opes in genere.* C. XXIII.
    β. *De thesauris duobus Sultani.*
      aa. *De thesauro publico.* XXIV.
      bb. *De thesauro Seraglii.* C. XXV.
    γ. *De decremento militiae Turcicae.*
      aa. *maritimae.* C. XXVI.
      bb. *terrestris.*
        aaa. *De militia Turcica terrestri in genere.* C. XXVII.

8*

ββ. *De militia T. terrestri stipendiaria.*
    a. *De Spahiis equitibus.* C. XXVIII.
    b. *De Janizaris peditibus.* C. XXIX.
γγ. *De militia Turcica beneficiaria: Zaimis et Timariotis.* C. XXX.

c. *De spe, quae possit esse ex hostibus sive de rebellionibus in Turcia ad primos armorum Francicorum successus erupturis.*
    α. *Status moralis Turciae, inprimis militiae.* C. XXXI.
    β. *De Visiriis.* C. XXXII.
    γ. *De Bachis et eorum rebellionibus.* C. XXXIII.
    δ. *Cur possint rebellare Bachae et cur frustrentur spe et quid hac in re effectura sit Expeditio Aegyptiaca.* C. XXXIV.
    ε. *Quid de Christianis in imperio Turcico degentibus sperandum sit.*
    ζ. *De invalescente in ipso Seraglio quadam Religionis Christianae mixtura.* C. XXXVI.
    η. *De subditis Turciae in singulis provinciis Christianis.* XXXVII.
    ϑ. *De Fecardino, Emire Sidonis.* XXXVIII.
    ι. *Aegyptus ipsa turbis pronissima.* C. XXXIX.

d. *De vicinis Aegypti.*
    α. *Arabes.* C. XL.
    β. *Abyssini, Dungalitae aliique Mauri Nigrique.* C. XLI.

e. *De vicinis Franciae et in universum Europaeis conjunctionibus.*
    α. *De vicinis, a quibus auxilia exspectari possunt.*
        aa. *De imperio R. G.* C. XLII.
        bb. *De Polonia.*
            αα. *De Statu Poloniae.* C. LXIII.
            ββ. *Imperator eam non deseret.* C. LXIV.
            γγ. *Foedus Franciae Regi cum Imperatore et Polono ineundum est.* C. XLV.

cc. *De Mosco.* C. XLVI.
β. *De vicinis Franciae a quibus impedimenta timenda sunt: Anglia et Belgio foederato.*
  aa. *De Belgio foederato.*
    αα. *De commercio Hollandorum. Accedit digressio de specie libertatis eorum.* C. XLVII.
    ββ. *Hollandi commerciis Indicis deturbandi sunt Aegypto occupanda. Num impedire id possint.*
  bb. *De Anglia.* C. XLIX.
γ. *De vicinis Franciae, a quibus per se spes metusve ad Aegyptiacam expeditionem mediocres.*
  aa. *De Lusitanis et Hispanis.* L.
  bb. *De Danis.* C. LI.
  cc. *De Suecis.*
    Suecos Franciae stipendiarios esse, probatur et natura gentis utriusque et historia. LII.

III. Securitas Expeditionis Aegyptiacae.

1. *De periculis expeditioni Aegyptiacae vel ab Europaeis vel in exscensione existentibus.* C. LIII.
2. *De periculo ex Hollandorum et Turcarum conspiratione verendo et de causis hujus amicitiae; inprimis de statu religionis apud Hollandos.* LIV.
3. *Franci fatis adversantibus possunt impune desistere. Honor utcumque in tuto erit.*

IV. Tempestivitas Expeditionis Aegyptiacae.

1. *Expeditio A. est praesenti regis consiliorum lineae consentanea.* C. LVI.
2. *Expeditio maturanda est propter rationes et ab Europaeis et a Turcis sumptas.* LVII.

V. Justitia Expeditionis Aegyptiacae. C. LVIII.
Epilogus.
Ueber die Beschaffenheit des Manuscriptes Klopp a.a.O. LXXXII.

In die Ausführung der, wie man sieht, sehr umfassenden Disposition sind zahlreiche Stücke aus Schriftstellern, die über türkische Verhältnisse geschrieben, verwebt worden, sowohl aus Historikern als aus Reiseschriftstellern. Reiseberichte waren im 17. Jahrhundert eine sehr reichlich fliessende Quelle. Der Orient, eröffnet durch Handelsverträge, welche mit fast allen seefahrenden Nationen geschlossen worden waren, wurde für die Reiselustigen das Land der Sehnsucht; ernsten Forschern versprach er reiche Ausbeute. Jeder Wanderer beeilte sich, was er dort gesehen und gehört hatte, der Welt mitzutheilen.[1] — Schliesslich ist noch zu bemerken, auf welche Weise nach Leibniz die Kenntniss von der Bedeutung, welche eine Eroberung Aegyptens habe, den Abendländern vermittelt worden sei. Darüber weiss derselbe eine artige Geschichte zu erzählen. Als Richard Löwenherz und Philipp August Acco eroberten, fiel bei der Theilung der Gefangenen Philipp August einer der saracenischen Befehlshaber, Namens Karakousch, zu. Dieser soll in einer Unterredung mit dem Könige denselben auf Aegypten verwiesen haben; dort werde Palästina erobert. Allein man weiss, dass schon die ersten siegreichen Kreuzfahrer die Nothwendigkeit erkannten, Aegypten zu unterjochen. Es war das ein dringendes Gebot ihrer Lage. Man begreift es, wenn man bedenkt, dass die Christen, selbst im Besitze von Palästina, doch desselben nicht froh, nicht sicher waren, so lange von zwei Seiten die Moslimen auf sie drückten. Die Berichterstatter über diesen Kreuzzug, *Rigordus, Ricardus (Itinerarium Peregrinorum et Gesta Regis Ricardi), Benedictus Petroburgensis, Roger de Hoveden, Rudolphus de Diceto,* auch *Les Gestes de Philipp-Auguste* in den Chroniken von St. Denis nennen den Karakousch, aber sie wissen nichts von der Unterredung. Auch in dem Berichte über die Expe-

---

[1] S. das Vorwort zu „Dess Herrn Thevenots Reysen in Europa, Asia und Africa. Frankf. 1693. Das Original: Rélation d'un voyage fait en Levant. ... par M. Thevenot. Paris 1664.

ditionen Ludwig's des Heiligen finden sich Irrthümer. Wohl erwähnt Leibniz des wackeren Seneschal *Joinville Histoire de S. Louis*, trotzdem schreibt er, dass Ludwig auf seiner ersten Meerfahrt direkt nach Damiette gesteuert sei: während derselbe doch auf Cypern überwinterte. Sodann meint er, dass Ludwig's Angriff auf Tunis nur so beiläufig unternommen worden sei auf der Fahrt nach Aegypten. — In der Geschichte des Planes zeigt er, wie allmälig neben der religiösen Bedeutung Aegyptens auch die allgemein weltliche erkannt worden. Marino Sanudo, dessen er hierbei erwähnt, ist recht eigentlich der Vorgänger von Leibniz. Derselbe machte in einem Werke[1]) dem Papste Clemens V. den gleichen Vorschlag. Als Venetianer greift er die Sache an. Neben dem Hinweise darauf, welch' ein grosser Schlag in Aegypten dem Islam beigebracht werde und welche Siege damit das Christenthum gewinne, wie sodann auch die Pforte Palästinas erobert werde, macht er sehr angelegentlich auf die ungemeinen handelspolitischen Vortheile aufmerksam. Die Ueberzeugung von diesem weltlichen Werthe Aegyptens hat ihn so sehr durchdrungen, dass er den Rath giebt, um den Sultan sicher zu überwinden, solle der Papst eine Handelssperre gegenüber Aegypten unter den Christen durchsetzen. Dauere dieselbe nur ein Jahr, so werde der Sultan, der von dem ägyptischen Zolle seine Reichthümer beziehe, entkräftet; unfehlbar werde man alsdann durch Waffengewalt Aegypten gewinnen. —

Ueber die Abfassungszeit der Dissertatio s. o. *Cons. Aeg.*

---

1) Historia Hierosolymitana seu Secreta fidelium crucis super terrae sanctae recuperatione etc. ll. XIII.

LEIPZIG,
DRUCK VON FRIEDRICH GRÖBER.
1869.